돈이 되는 메타버스

Money Moves To Metaverse

전 세계 부의 질서를
뒤바꿀 머니 혁명

돈이 되는 메타버스

| 최원희 송찬우 김재혁 지음 |

포레스트북스

게임 밖으로 나온 메타버스, 어떻게 세상을 바꿀 것인가

해마다 과학 기술 분야에서 유망 산업들이 소개되지만, 2021년 메타버스만큼 국내 경제계를 뜨겁게 달궜던 키워드는 많지 않았던 것 같다. 서점에만 가도 몇 해 전 '4차 산업혁명'이 그랬듯 지금은 '메타버스'가 사람들의 주요 관심사임을 금방 알 수 있다.

'이런 시류를 타며 책을 쓰면 잘 팔릴 것 같아서 썼나?'

이렇게 생각하는 사람도 있을 것이다.

사실 원고 작성을 끝내고 프롤로그를 써야 한다는 생각을 했을 때 이 책을 처음 기획했을 때 느꼈던 부담을 다시 느꼈다. 프롤로그가 책의 첫인상을 좌우하기에 글을 쓰기가 본문보다 더 어려웠다. 한 사람이라도 더 많은 이들이 읽어주고 공감해줬으면 하는 마음 때문이었다. 고민 끝에 처음 이 책을 쓰겠다고 생각했던 계기, 이 책에서 담고 싶었던 내용, 이 책이 독자들에게 어떤 의미를 주었으면

하는지 등에 대해 적어보기로 했다.

이 책을 보았으면 하는 독자층은 메타버스, XR 기술 분야가 궁금한 학생들과 일반인들이었다. 물론 새로운 기회 발굴을 고민하는 기업의 전략 분야 종사자, 국내외 주식 혹은 스타트업에 투자하려는 투자 전문가, 유관 분야 스타트업 및 일반 기업, 새로운 트렌드를 찾으려는 지자체와 공공기관 역시 빼놓은 것은 아니었다.

여러 스타트업들을 멘토링하였고 수년간 전략적으로 움직이는 빅테크들을 보면서 그들과 경쟁도 해보았고 국가 정책에 의해 움직이는 국내 산업들을 지켜보았다. 최근에는 대학생들을 멘토링하기도 했다. 그래서 주위에 있는 모두에게 미래를 위해 고민하고 준비해야 할 것들이 무엇인지 메타버스 분야의 인사이트들을 공유하고 싶었다. 이렇게 거창하게 독자층을 생각한 것은 이들이 각자 나름대로 이 책이 전하는 정보를 재해석하고 그것을 발판 삼아 앞으로 나아가길 바랐기 때문이다.

한 중소기업과 간담회를 할 때의 일이다. 그 기업 대표가 하소연 섞인 요청을 했다. "다른 어떤 회사보다 고해상도인 4K 해상도로 VR용 디스플레이를 만들었는데 알아봐주는 고객들이 없습니다. 아마도 VR에서 볼만한 4K 콘텐츠가 없어서인 것 같아요. 그러니 4K 콘텐츠를 만드는 국가 지원 사업을 추진해주십시오." 이 회사의 사업 전략은 무엇을 근거로 수립한 것일까 하는 궁금증이 들었다. 하드웨어, 특히 디스플레이는 한 번 개발하는 데 드는 비용이 생각보다 크다. 그런데 아무리 국가 지원 과제로 자금을 마련했다고 하지만, 고객의 니즈를 확인조차 않고 개발을 했다는 말에 나는 적잖은 충격을 받았다. 물론 모든 니즈를 파악하고 기술을 개발할 수는 없다. 그러나 시장의 큰 흐름을 보지 못한다면 수십억을 쏟아부어 힘들게 개발한 제품이 샘플 몇 개 만들고 나서 먼지를 뒤집어쓰고 창고 안에 들어앉게 된다.

　이런 일들은 비단 중소기업에서만 생기는 것이 아니다.
　XR 글라스를 개발하기 위해 기획할 때의 일이다. XR 글라스의 소비전력 총량을 추정해야 원하는 사용시간에 맞는 배터리 용량을 결정하는데, 이 소비전력량에 가장 큰 영향을 미치는 부분이 디스플레이 모듈 소비전력이다. 이때 디스플레이 모듈이 발광하는 밝기값과 구동되는 화소수, 화면 전환율(구동 주파수) 등이 소비전력량을 좌우하는 요소들이다. 그런데 LCoS의 소비전력이 자발광 마이크로 LED 디스플레이보다 더 적다는 보고를 받았다. 당황스러웠다. 그럴 리가 없는데 아무도 이의를 제기하는 사람이 없었다. 상세 보고서를 보니, 그제야 이해가 갔다. 스마트폰에서 디스플레이 소비전력을 평가하던 화면을 그대로 평가에 이용한 것이다. 사용된 영상들을 보니 웹브라우저, 이메일, 카카오톡, 홈 화면 등이 포함되어 있었다. 이 글을 읽고 있는 독자들도 실제 XR 글라스를 사용해본 적이 없거나 주위에서 경험할 기회가 없었다면 무엇이 문제인지 모를 수 있

✦ XR 글라스 이용 시 화면 구성 사례(위: 드론 조종 아래: 화상전화)

다. 다음 사진을 참고하면 이해가 쉬울 것이다. 사진에서 전체 표시 가능한 화면 중 XR 콘텐츠는 1/9 정도의 화소들만 켜져 있고, 나머지는 꺼져 있다. LCoS 방식은 항상 전체 화소에 최대값을 비추고 있는데 반해, 자발광 디스플레이는 콘텐츠 영역만 켜서 보여준다. 굳이 계산해보지 않아도 어느 쪽 소비전력이 클지 짐작할 수 있을 것이다.

이러한 에피소드는 소프트웨어든 하드웨어든 개발 과정에서 무수히 많이 발생한다. 우리가 미리 경험한 사람들의 글을 읽거나 강연을 듣고 고민을 하는 이유는 이러한 시행착오를 줄이기 위해서일 것이다.

내가 머물러 있다면 '처자식 빼고 다 바뀐다'

"고작 애들이 하는 게임 좀 갖고 무슨 호들갑이야?"

"뭔가 변화가 일어나고 있는 것 같기는 한데……."

애널리스트들 혹은 기자들이 메타버스라는 큰 흐름을 이야기할 때 주위 반응들은 대개 이렇다. 지금은 변화의 시작점에 있기 때문이다.

전자 기기를 보면서 사람들은 무엇을 기대할까? 온 가족이 모여서 보던 커다란 TV를 보면서 왜 모두가 손에 스마트폰을 들고 있을까? 시계를 앞에 두고도 시간을 확인한다고 스마트폰을 켜는 사람도 많다. 이것은 사람들이 스마트폰을 단순히 전자 기기로 보지 않고 '나에게 반응하는 자연물'로 생각하고 반응을 기대하기 때문일 것이다. 또 생각해보자. 왜 사람들은 카카오톡을 일반 문자메시지보다 좋아하는 걸까? '1'이 사라지는 순간 사람들은 오프라인의 맞은편 상대방이 나와 대화를 할 준비가 되었다고 생각한다. 그룹채팅

'단톡'이 가능한 점 또한 이러한 오프라인의 모임 경험을 온라인으로 가지고 온 것으로, 사람들이 카카오톡을 열렬히 환영한 이유이다.

혹자는 'TV + 카메라 + 전화기 + 노트북 = 스마트폰'이라고 한다. 이것이 전부가 아니다. 가장 중요한 기기와의 소통, 즉 인터렉션 interaction이 빠져 있다. 앞서 언급한 것처럼 사람들은 반응에 집착한다. 스마트폰을 항상 손에서 놓지 않고 있다. 툭 건드리면 화면이 반응해주기 때문이다. AI 스피커에 환호한다. 아직은 부족해도 가끔은 심심함을 달래주기 때문이다.

눈앞에서 인터렉티브하게 세상을 보여주는 웨어러블 기기, XR 글라스는 어쩌면 일반 전화가 스마트폰으로 바뀔 때 일어났던 변화 그 이상을 불러올지 모른다. 그런 관점에서 우리는 사람에 대해 충분히 고민하고 공부를 했는지 돌아봐야 한다. 예전처럼 나와 1미터 이상 떨어져서 존재하는 전자 제품이 아니라, 안경처럼 필요할 때면 하루 종일 내 몸의 일부가 되어 나의 감각기관을 증강해주는 기기가 등장했다. 우리가 개발한 거의 모든 전자 기기나 스마트폰 애플리케이션도 사용자는 '사람'이다. 그런데 우리는 고객의 니즈를 얼마나 고민했었나? 그런 의미에서 게이미피케이션 소프트웨어나 게임 개발자뿐만 아니라 하드웨어를 개발하는 이들도 이제는 '사람'을 관찰하고 공부해야 한다.

불편한 진실이지만, 모든 것이 변하고 있다. 사람들의 놀이문화가 바뀌고 있고 일하는 방식이 바뀌고 있다. 그 중심에 메타버스가 있다.

이 책에 소개된 수많은 스타트업에 대하여

업무상 여러 미래 기술을 다루다 보니 운 좋게 국내외 많은 스타트업 대표들을 만났다. 많은 젊은 스타트업 창업가들은 부러울 만큼 열정과 아이디어가 넘쳐났다. 그들의 실행력은 기대 이상이었다. 그러나 자금과 네트워크, 카운슬링에 목말라했다. 자신들이 설정한 방향이 맞다고 확인하고, 잘 하고 있다고 격려받고, 장애물을 만났을 때 돌파법에 대해 논의하고 싶어 했다. 아무래도 중견 기업 이상의 생태계에 익숙한 이들은 느끼지 못하는 부분일 것이다. 대기업에서 20년을 보낸 나 역시 스타트업 멘토링과 투자를 하지 않았더라면, 이 같은 '야생'의 생활을 평생 모르고 살았을 것이다.

개인적으로 스타트업에 관심을 갖기 시작한 것은 2016년 사내에서 공모한 씨랩C-Lab 멘토링 프로그램부터였다. 그렇게 시작한 멘토링은 당시 모 액셀러레이터 대표로 있던 친구의 권유로 취미 삼아 몇몇 스타트업으로 확장되면서, 일회적 이벤트를 넘어서 좀 더 적극성을 띠게 되었다. 기술적인 멘토링이 대부분이었지만, 그들에게 부족한 것은 그저 기술적 훈수를 두는 사람이 아니었다. 지속적 관심

돈이 되는 메타버스

을 가져주고 고민을 같이 의논하고, 가끔은 인맥을 활용해서 해당 분야의 전문가를 연결해주는 네트워크와 노하우가 풍부한 러닝메이트 같은 사람을 필요로 했다. 나 스스로가 그 스타트업에 직접적인 투자를 한다면 좀 더 지속적으로 애착을 갖고 보게 되지 않을까 하는 고민을 하게 되었다. 그즈음 감사하게도 회사에서 특허 실시 보상금을 받게 되어 당시 알게 된 스타트업들에 약간의 자금을 투자하며 지속적인 멘토링을 하기로 했다. 그렇게 취미생활로 시작한 엔젤활동은 인생의 활력소가 되었고 얼마 뒤 전문 투자자 자격도 갖게 되었다.

이 책에서 나는 국내외 상장 기업뿐 아니라 여러 비상장 기업 및 스타트업을 소개했다. 조금이라도 더 노출되고 싶은 비상장 기업, 스타트업의 심정을 조금이나마 알기 때문이다. 그러나 여기서 언급한 기업들 외에도 무수히 많은 기업이 각자의 기술 분야에서 열과 성을 다해 매진하고 있다. 혹시 이 책에 소개되지 않았지만 많은 이들과 함께 알고 싶은 기업이 있다면 연락해주기 바란다. 또한 여기에서 설명하지 않은 것이라도 메타버스와 관련해 필요하다고 생각하는 기술 분야가 있으면 이메일(wonheechoe@gmail.com)로 의견을 보내주십사 부탁드린다.

내가 메타버스 투자 프로젝트에 참여한 이유

이 책을 쓰겠다고 마음먹은 계기는 다분히 개발자적인 생각에서 시작되었다. 사기업에서 오랜 기간 근무한 이력을 뒤로하고 2021년 공공기관으로 자리를 옮기고, 첫 미션으로 '메타버스' 산업 동향에 대한 보고서를 써야 했다. 향후 정부에서 육성 혹은 지원할 분야를 발굴하기 위함이었다. 사기업에서 미래 기술 발굴과 개발 실무를 경험한 사람이 참여한 보고서에는 좀 더 현실적인 내용을 담아야 한다는 부담이 있었다. 그래서 보고서를 쓰기 위해 가장 먼저 한 일은, 당시 출판된 관련 서적을 모조리 구입해서 읽고 증권사 애널리스트들의 보고서를 가리지 않고 훑는 일이었다.

"이런 사회현상이 있으니 알고 있어."

"거기서 노는 것은 MZ세대 몫이야."

"관련 분야 상장 주식이 있으면 투자해봐."

준비 작업을 끝낸 후 내가 받은 느낌은 이런 것이었다. 왜 이런 흐름이 생겨났고 언제까지 지속될 것인지 엔지니어 입장에서 이해되는 말로 속 시원히 설명해줬으면 했는데, 아쉬움이 남았다. 그래서 '나는 무엇을 준비해야 하는가?'라는 질문에 대한 답을 찾을 수 없었다. 게임조차 즐기지 않는 나와 같은 개발자, 즉 실무형 DNA가 흐르는 사람은 비슷한 감정이었을 것 같다. 뭔가 손에 잡히는 것이 부족했고, 나랑은 상관없는 '남의 집 잔치'를 소개받는 느낌이었다.

현실적으로 메타버스라는 키워드에 포함된 다양한 기술 분야 및 산업 분야를 이해하는 일은 쉽지 않다. 더구나 하드웨어의 발전 현황과 소프트웨어 콘텐츠 및 빅테크들의 동향까지 두루 파악하고 자신만의 언어로 풀어가는 것은 더욱 까다로운 일이다. 산업계에서 짧지 않은 기간 실무를 한 나조차도 게으름을 핑계로 다른 이들의 저서에서 힌트를 얻어 정리할까 하는 마음이 생겼다. 설사 해당 분야를 경험한 이들일지라도 투자 관점에서 의견을 기술하기란 한 사람이 맡기에는 너무나 방대한 일이기도 했다. 그런데 이때 이상하게도 새로운 결심이 싹텄다. 메타버스라는 산업 트렌드에 관해 직접 정리해보자는 마음이 생긴 것이다. 여전히 모자라지만, 좀 더 현실적이고 손에 잡히는 지식과 정보를 갈구하는 이들을 위해 같이 고민하는 마음으로 하면 되지 않겠는가!

　다행히 이러한 생각을 공감해주었던 후배들과 프로젝트 성격으로 집필을 시작하였다. 처음 메타버스에 대해 고민할 때 궁금해했던 내용이나 주위 지인들로부터 받았던 질문도 추가했다. 이러한 배경에서 집필한 책이다 보니, 일반적인 언론 기사나 대중서보다는 각 장이 하나의 보고서 같은 느낌이 나기도 한다. 조금은 깊이 있는 주제를 다루며, 현실적이고 직접적인 질문들의 답을 찾을 수 있도록 문답(Q&A)식으로 썼다. 제목의 질문들을 보면서 본문을 읽기 전에 각자의 답을 먼저 생각해본 다음 읽은 후에는 마음속으로 토론을 해보자. 내 생각과 다르다면 적극적으로 내게도 알려주면 좋겠다.

이 책은 크게 세 부분으로 나누어 구성하였다.

Part 1은 메타버스에 열광하는 현재의 사회 현상과 기술적 배경, 메타버스의 중심에 있는 기업들의 현황 등을 다룬다. 기존의 게임 플랫폼 중심의 메타버스보다는 해당 분야의 엔지니어 관점에서 본 기술 트렌드와 메타버스가 다음 '대세'가 될 수밖에 없는 이유들을 정리하였다. 왜 갑자기 이런 산업 트렌드가 생겼는지 의아해하는 독자들이 답을 얻을 수 있을 것이다.

Part 2는 미래에 펼쳐질 메타버스 시대를 상상해본다. 이미 관련 기술들을 발굴 혹은 보유하고 있거나 고민하고 있는 기업들을 소개하였다. 또한 큰 틀에서 산업별 메타버스의 미래 서비스들을 한발 앞서 정리했다. 메타버스가 막연한 게임 세상에 머물지 않고 현실세계에 어떤 서비스를 제공할 수 있을지 생생하게 그려보고 싶을 때 참고하면 좋을 것이다.

앞으로 메타버스 생태계에서 주도권을 잡기 위해 집중해야 할 부분으로 콘텐츠보다는 하드웨어를 생각했다. 가까운 미래에 하드웨어를 갖고 있는 기업이 플랫폼을 고르는 환경이 될 것이다. 그래서 Part 3는 XR 기기를 중심으로 필요한 부품 및 요소 기술들을 설명하였다. 미래의 디바이스를 논하기 때문에 조금은 생소하고 어려운 내용이 있을지 모른다. 그러나 미래를 위해 스타트업에 투자하거나 미래 사업 방향을 고민하는 이들에게는 큰 도움이 될 것이다. 그렇다고 해서 10년 후의 기술은 아니고, 2~3년 이내 펼쳐질 가까운 미래의 기술이 대부분이다.

이 글을 읽는 여러분은 차례를 확인하고 관심 있는 주제를 먼저 읽을지도 모른다. 어쩌면 흥미가 드는 주제 외에는 아예 읽지 않을 수도 있을 것이다. 그렇다 한들 무슨 상관인가. 책을 구입했다고 해서 처음부터 끝까지 정독할 필요는 없다. 오히려 그렇게 편하게 필요에 따라 읽기 좋도록 각 장의 제목을 직관적인 질문으로 만들었다. 바쁜 현대인을 위한 작은 배려라고 생각한다.

투자 관점에서 각 파트에 대해 간략히 설명하면 다음과 같다.

Part 1은 대략적인 산업 방향과 투자의 큰 흐름을 짚고, Part 2는 미래 메타버스 서비스를 위해 필요한 요소 기술들과 그것을 보유한 기업들을 다루며, Part 3는 웨어러블 메타버스를 위한 디바이스 관련 기술들을 소개하였다. 기술에 관심이 많지 않다면, 각 장 마지막의 간단 요약과 투자 포인트를 먼저 읽어도 좋다. 흥미가 생긴 뒤 본문을 읽는 순으로 읽는다면 그 지루함이 반감될 것이다. 책에서 소개한 기업들 중 일부는 별책 부록에 보다 자세한 분석을 담았다. 투자에 관심이 있다면 챙겨보기 바란다.

이 책은 세 분의 조력자가 없었으면 빛을 보지 못했을 것이다. 끝까지 기술적 호기심으로 토론하며 Part 3를 함께 쓰고 별책 부록을 도맡아 정리해준 송찬우 후배님, Part 3 일부 집필에 참여해준 김재혁 후배님, 끝으로 이 책의 출간을 독려해주시고 철없는 나의 생각을 구체화해준 비디씨랩스BDC Labs 최영환 대표님. 이 세 분께 특별한 감사를 표하고 싶다.

우리나라 엔지니어들을 존경하며 그들의 저력을 믿는다. 목표를 정하고 엔지니어의 '피 땀 눈물'을 갈아 넣으면 안 될 것이 없기 때문이다(심지어 세상을 바꾼다). 이제는 남이 정해주는 목표 말고 스스로 철학을 갖고 부표를 찍고 앞으로 나아가는 엔지니어들이 많아지면 좋겠다. 짧은 기고문과 논문 외에 처음 써보는 글이지만, 후배들에게 밥을 사주면서 멘토링할 때 들려주고 싶었던 얘기들을 글로 옮겼다고 생각해주기 바란다.

『돈이 되는 메타버스』. 다소 노골적인 제목으로 시작했지만, 기존과 다른 관점의 메타버스, 현실적으로 고민할 거리를 주는 메타버스를 공유하고 싶었다. 그런 의미에서 메타버스가 정말 우리의 부를 증식해줄지 같이 한번 지켜보자.

2022년을 맞으며
최원희

차례

Part 1 · 왜 지금 메타버스인가?

Part 2 · 메타버스는 어디에 쓰는 것인가?

Part 3 · **다가올 웨어러블 메타버스에는**
어떤 기술들이 사용될까?

Money Moves To Metaverse

Part 1

왜 지금
메타버스인가?

최근 메타버스만큼 언론을 뜨겁게 달구고 있는 단어는 드물 것이다. 학생들부터 사회인들, 정치인들까지 그 관심은 실로 대단한 듯하다. 메타버스란 간단히 말해 가상현실과 증강현실이 공존하는 세계를 말한다. 가상현실과 증강현실은 처음 듣는 말이 아닐텐데, 우리는 왜 하필 지금 메타버스에 이렇게 열광하는 것일까?

심리학적으로 인간을 들여다보면 그 근저를 엿볼 수 있을 것이라는 생각에 매슬로A. H. Maslow의 욕구단계설을 참고하려고 한다. 욕구단계설Maslow's hierarchy of needs은 인간의 욕구는 중요도별로 위계적 단계를 형성한다고 주장하며, 인간 행동을 그 욕구를 바탕으로 설명하는 동기 이론이다. 인간의 동기란 하위 단계 욕구가 채워지면 좀 더 고차원의 상위 단계 욕구로 이동한다는 것이다.

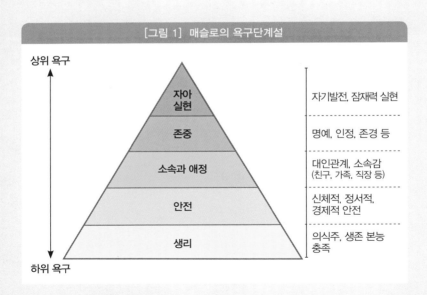

[그림 1] 매슬로의 욕구단계설

돈이 되는 메타버스

실제로 우리는 2020년 처음 COVID-19에 생명을 위협받았을 때, 모든 것을 떠나 오직 건강과 안전을 위해 몸을 웅크렸다. 그 후 어느 정도 재택근무와 온라인 수업에 적응이 되어갈 때쯤 우리는 줌Zoom과 같은 온라인 화상회의만으로는 무언가 부족하다고 느끼게 되었다. 이와 같은 현상은 우리 동기가 '안전 욕구'에서 다음 단계인 '소속과 애정의 욕구'로 전이되었음을 반영한다. 카카오톡, 유튜브, 인스타그램, 틱톡, 제페토, 로블록스 등 온라인 활동을 어느 때보다 활발히 하면서 다시 그 욕구가 어느 정도 충족이 되자, 이제 인정, 명예를 갈구하는 '존중의 욕구'로 전이하고 있는 듯하다. 폭발적인 명품 쇼핑, 고급차 소비 등이 이런 분석을 뒷받침하는 대표적인 현상이라고 할 수 있을 것이다.

그렇다면 그다음은 뭘까? 외부로부터 인정을 얻고 나면, 우리는 자기 자신의 인정, 즉 '자아실현 욕구'의 충족으로 나아갈 것이다. 욕구단계설은 어쩌면 지금 이러한 우리의 변화를 가장 잘 설명해주는 이론이 아닐까? 사람마다 욕구 단계별 정도의 차이가 있을지언정 그 차이를 넘어선 공통적인 특성은 분명히 있는 듯하다. 이러한 욕구의 발전과 메타버스의 이슈화는 어느 정도 맥을 같이한다. 메타버스는 COVID-19로 인한 생명의 위협에서 우리가 얼마간 안전해졌다고 느끼고 그런 상황에 적응할 무렵인 2021년부터 뜨거워진 키워드이다. 그 시작은 소셜 미디어와 네티즌들의 놀이터인 엔터테인먼트 플랫폼이었다.

그렇다면 메타버스가 무엇인지, 그것을 둘러싼 동향과 트렌드는 어떤지 지금부터 하나씩 알아보도록 하자.

메타버스는 어디에서 왔나?

메타버스를 다루는 대부분의 기사 혹은 기고문의 시작은 그 용어의 기원을 설명하고 있으므로, 이미 메타버스가 무엇인지 잘 알고 있는 독자들도 있을 것이다. 하지만 이 책에서 처음 접하는 경우도 있을 것으로 생각되어 간략히 소개하고자 한다. 메타버스라는 단어의 의미를 보자면 단순히 '초월세계Meta-verse'이다. 하지만 그 개념적 정의는 좀 더 복잡하다. 공상과학 소설가 닐 스티븐슨Neal Stephenson은 1992년작 『스노 크래시Snow Crash』에서 메타버스란 말을 최초로 등장시키며, '가상세계와 현실세계의 상호작용으로 그 속에서 사회, 경제, 문화 활동이 이루어지게 하며 가치를 창출하는 세상'이라고

[그림 2] 메타버스 유사 개념들의 등장 시점

정의했다. 이 문장에서 '가상세계', '현실세계', '상호작용'이라는 용어를 보자. 사실 이 용어들만 보면 새로울 것이 없다. 여기서 궁금한 것은, 1990년대 소설에 사용되었던 용어들이 이제 와서 새로운 시대의 탄생을 예고하는 주요 키워드로 자리매김한 이유이다.

2014년 오큘러스 리프트가 처음 나왔을 때 그해의 키워드는 '가상현실Virtual Reality, VR'이었고, 2017년 포켓몬 고 게임이 출시되었을 당시의 키워드는 '증강현실Augmented Reality, AR'이었다. 2016년 마이크로소프트MS는 증강현실 기기 홀로그램과 가상현실 기기 오딧세이를 '혼합현실Mixed Reality, MR'로 소개했다.[*] 또한 2018년 퀄컴은 자사의 혼합현실 구현을 위한 칩셋을 홍보하려고 '확장현실eXtended Reality, XR'이라는 말을 사용하면서 그것이 다음 모바일 컴퓨팅 플랫폼이라

---

[*] MS, 2016. https://docs.microsoft.com/ko-kr/windows/mixed-reality/discover/mixed-reality

고 했다.* 지금 메타버스라는 말의 확산은, 엔비디아가 2020년 10월에 개최된 GPU개발자 컨퍼런스GTC2020에서 자사의 옴니버스 서비스를 홍보하기 위해 사용한 것이 시작점이었다. 자사의 서비스 홍보를 위해 약 30년 전의 용어를 되살려낸 것이다. 엔비디아의 그런 전략은 2021년을 기점으로 제대로 먹혀들었다. 기존에는 게이머 혹은 코인 채굴자에게만 알려졌던 엔비디아라는 회사 이름이 일반인 사이에도 오르내리게 되었다. 그뿐만 아니라 엔비디아의 주가는 2020년 발표 당시보다 1년 후 약 50% 상승하였다.

그렇다면 엔비디아의 메타버스는 혼합현실, 확장현실과 무엇이 다른가? 이 용어들을 내세운 각 기업의 개념적 정의를 기반으로 비교해보자.

먼저 혼합현실은 가상현실과 증강현실이 결합되고 거기에 다시 클라우드Cloud 서비스를 추가한 개념이다. 이들 서비스는 홀로렌즈와 같은 헤드마운티드 디스플레이Head Mounted Display 기기를 매개로 이용한다. 확장현실은 혼합현실 기기에서 필요한 다양한 휴먼 인터페이스Human Interface(제스처, 모션, 위치 등 인식 기술 포함)를 지원할 수 있는 컴퓨터 비전과 인공지능artificial intelligence, AI 기술을 추가한 개념이다.

끝으로 메타버스는 혼합현실, 확장현실에 추가하여 고도화된 AI

---

* 퀄컴, 2018. https://youtu.be/_mZe3aSIwpg?t=70

돈이 되는 메타버스

✦ [사진 1] GTC2020 당시 엔비디아의 젠슨 황(Jensen Huang) CEO

와 현실세계의 물리법칙을 가상화한 물리엔진, 다양한 시스템(콘텐츠 저작 도구 포함)으로 확장 가능한 플랫폼을 추가한 개념이다. 이렇게 어려운 말로 소개를 했으나, 결국 혼합현실, 확장현실, 메타버스는 모두 가상현실과 증강현실이 공존하는 세계를 표현한 것이다.

이러한 세계들은 순수한 가상세계Virtual World와 언제든지 그와 디지털로 호환 가능한 현실Digitally Compatible Reality, 이들이 상호작용할 수 있는 수단(소프트웨어 혹은 하드웨어 기기들)이 핵심요소이다. 상호작용 소프트웨어는 로블록스, 제페토와 같이 현재는 가상현실 속에서 현실의 상황을 반영하고 있는 가상현실 플랫폼과, 가상과 호환 가능한 디지털 현실의 상호작용을 포함하는 옴니버스와 같은 혼합현실 플랫폼으로 대변된다. 또 상호작용 하드웨어는 AR(증강현실) 글라스로 대표되는 XR(확장현실) 기기들이다. 즉, 메타버스는 혼합현실을 누릴 수 있는 소프트웨어 플랫폼과 이를 좀 더 현장감 있게 이용할 수 있는 디바이스로 나뉜다고 할 수 있다.

이러한 시대적 흐름으로 볼 때, 앞으로 가상현실과 증강현실이 혼재된 개념을 '메타버스'가 아닌 또 다른 이름으로 인텔이나 삼성이 들고 나온다고 해도 전혀 이상하지 않을 것이다. 그러므로 최근 주목을 받는 메타버스란 결국 기존의 확장현실, 혼합현실과 유사한 것으로, 이것들을 새로운 표현으로 이슈화하는 용어라고 볼 수 있다.

2

메타버스는 왜 뜨거운 감자가 되었을까?

메타버스는 앞서 말했듯이 혼합현실을 누릴 수 있는 소프트웨어 플랫폼 혹은 이를 좀 더 현장감 있게 이용할 수 있는 디바이스라고 정의할 수 있다. 그런데 이런 기술이 최근 경제 시장을 뒤흔드는 이슈 메이커로 조명받고 있다. MS, 메타(페이스북), 삼성, 애플 등 빅테크들도 앞다투어 확장현실을 위한 디바이스 개발 일정을 발표하고, 정부가 정책을 내놓는 자리에서도 메타버스에 관한 얘기가 빠지지 않고 등장한다. 그런데 혼합현실이나 확장현실을 누릴 수 있는 플랫폼이라는 존재가 어쩐 일인지 우리에게 익숙하게 다가오는 것은 왜일까?

✦ [사진 2] 가상공간 소셜 플랫폼 싸이월드(좌)와 가상공간 라이프 플랫폼 세컨드라이프(우)

사실 우리가 로블록스나 제페토에서 봤던 가상현실 속의 플랫폼은 2000년대 초중반 우리나라 네티즌 사이에서 크게 유행했던 싸이월드(1999년 시작), 세컨드라이프(2003년 시작) 등과 크게 다르지 않다. 싸이월드에서 우리는 미니홈피의 아바타와 방을 꾸미고 배경음악과 헤어스타일을 바꾸기 위해 도토리를 열심히 사 모았다. 세컨드라이프에서는 가끔 말풍선을 달고 친구네 방으로 초대되어 가기도 했다. 이런 활동을 할 수 있다는 점은 지금의 제페토와 비슷해 보인다. 하지만 싸이월드나 세컨드라이프에서는 약간의 기호에 맞게 취향을 드러낼 수 있는 가상공간과 아바타, 같은 방에 모여 친분 과시하기 같은 것 외에 그 공간에 체류할 이유가 없었다.

더군다나 2000년 들어 열린 스마트폰 시대가 2002년에 시작된 3세대 통신을 지나 2011년 4세대 통신LTE으로 접어들었다. 하지만 싸이월드와 세컨드라이프는 모바일 통신의 전성기에 접어드는 이때에 모바일 애플리케이션으로의 발 빠른 진화에서 도태되면서 더 이상 우리 욕구에 맞는 소셜 애플리케이션의 역할을 하지 못했다. 반면 2000년대 카카오톡과 페이스북은 소셜 기능을 갖춘 빠른 모바일 애플리케이션으로 사람들 사이에 퍼지게 되었다.

지금 굳이 사십 대나 삼십 대가 아니면 모를 약 20년 전 역사 속의 플랫폼 싸이월드와 세컨드라이프를 소환하며 로블록스와 제페토와 비교하는 데는 이유가 있다. 이 글을 읽는 독자들이 앞으로 일어날 로블록스와 제페토의 변화들을 예상할 뿐만 아니라, 그다음 세대에 관한 상상력을 발휘해주기를 바라기 때문이다.

그럼 싸이월드와 세컨드라이프의 서비스와 이들이 역사의 뒤안길로 사라지게 된 이유를 좀 더 자세히 살펴보자.

싸이월드와 세컨드라이프 둘 다 이용자가 자신을 표현하는 아바타를 정하고, 온라인상에서 자신의 방(싸이월드) 혹은 집이나 건물, 상점 등 가상공간 속 놀이공간(세컨드라이프)을 가질 수 있었다. 또한 그 아바타 혹은 가상공간을 꾸며 자신을 돋보이게 할 아이템들을 서비스 공간에서만 사용되는 돈(싸이월드는 도토리, 세컨드라이프는 린든)을 이용하여 구입했다. 이때 아이템을 판매하는 주체는 대부분 서비스 회사이며, 도토리나 린든은 다시 현금으로 바꾸는 재환전이 가능한 시스템이었다.

싸이월드와 세컨드라이프는 둘 다 인터넷 웹에서 구현된 웹기반 서비스였다. 그러나 이들이 추구했던 사업모델은 둘 사이에 상당한 차이가 있었다. 싸이월드의 방은 상징이었고, 자신이 최근 듣는 음악을 배경음악으로 깔고 자신의 사진과 동영상들을 지인들에게 공유하는 소셜 네트워크 성격이 짙었다. 그 때문에 대부분의 이용자들은 공간을 꾸미기보다 서로의 사진, 음악, 얘깃거리 등을 감상하고 공유하는 데 더 많은 시간을 할애했다. 반면 세컨드라이프는 오픈월드*의 샌드박스 게임** 형태를 지니고 있었고, 이용자들은 3차원 가상공간에서 상점이나 놀이동산을 찾아가는 등 공간을 채우고 탐험하는 일 자체에 체류 시간을 소비하였다.

싸이월드와 세컨드라이프는 현재 기준으로는 실패한 서비스라고 할 수 있지만, 당시에는 엄청난 반향을 불러일으켰다. 싸이월드는 당시 통신사 중 가장 힘 있던 기업에 인수합병되었다. 세컨드라이프는 한때 전 세계적으로 이용자가 1000만 명에 달해, 여러 기업이 앞다투어 그 가상공간 내에 건물을 매입하고 홍보관을 개설하였다(지금의 제페토나 로블록스의 모습과 사뭇 닮은 듯하다). 이들은 로블록스가 서비스를 시작할 즈음 정점을 찍고 쇄락하기 시작했다. 이유가 뭘까? 아마도 가장 큰 원인은 소셜 네트워크의 본질에 있을지도 모른다.

---

* 이동의 자유를 전제로 대부분의 장소로 갈 수 있는 게임

** 높은 자유도에 기반한 게임으로, 사용자가 원하는 행동을 할 뿐 아니라 콘텐츠를 개발할 수 있는 게임

돈이 되는 메타버스

[그림 3] 최근 20년간 메타버스 소셜 분야 관련 기술 및 사회 발전

소셜 네트워크는 온라인에서 옆에 있는 사람이 반응하는 듯한 즉시성이 보장되지 않으면 이용자가 대화에 금방 흥미를 잃어버리는 특성이 있다. 싸이월드와 세컨드라이프는 서비스를 시작하고 곧바로 3세대 모바일 통신과 스마트폰 시대가 개화했음에도 불구하고 여전히 웹기반 서비스에 머물러 있었다. 2007년 애플이 아이폰을 들고 스마트폰의 시대를 열고, 카카오톡과 페이스북이 빠른 응답성을 갖는 스마트폰 애플리케이션 기반 서비스로 이용자를 기하급수적으로 끌어모으고 있을 때에도 웹 2.0 서비스를 준비했다. 시대의 흐름을 읽지 못한 것이다.

다음 이유로 꼽을 수 있는 것은 아마도 광고일 것이다. 싸이월드는 국내 한정 서비스로 만족하고, 당시 국내 포털사이트들이 그러했듯이 엄청난 광고 배너와 팝업 광고 수익으로 사업의 이윤을 추구하면서 이용자들의 발길을 돌리게 했다. 세컨드라이프는 가상공간 내 상점 및 건물을 기업들의 마케팅 수단으로 제공하고 광고 수익으로 사업의 이윤을 추구했다. 웹 2.0에도 불구하고 느린 그래픽 로딩 속도가 매력을 반감시키기도 했다. 또한 아바타가 가상공간에서 이용하는 서비스가 호기심 이상을 제공하지 못해 지속적인 이용자 유입에 실패하며 빠른 모바일 시대 대응에 한계를 드러냈다.

그렇게 시간이 지나고 2021년 초 우리는 COVID-19 상황에서도 1년 사이 2배 이상 사업규모를 키운 로블록스라는 기업을 마주하게 되었다. 로블록스는 사실 세컨드라이프가 한창 위엄을 떨치던 2006년에 서비스를 시작했다. 그리고 그리 두각을 드러내지도 사라지지도 않은 채 조용히 2018년까지 명맥을 유지해왔다. 그러다가 2019년 미국 십 대를 중심으로 가상공간에서 그들만의 놀이가 확산되기 시작했고, 2020년 COVID-19로 인해 모두가 비대면 온라인 놀이문화를 찾고 있을 때 로블록스는 이들의 삶에 빠르게 침투하였다. 로블록스는 이 기세를 몰아서 2021년 3월 나스닥에 상장을 준비하며 자신들을 젠슨 황이 소개했던 '메타버스 플랫폼'이라고 소개하였다. 그 결과 적자였던 회사가 상장 첫날 시총 40조 원을 넘겼다. 게임이 아닌 새로운 프레임과 십 대 고객들의 성장성, 그 가능성에 투자한 것이다. 로블록스는 십 대들이 현실에서 할 수 없는 일들(친구들과의 결혼, 테마파크에서 롤러코스터 타기 등)을 가상공간에서 체험할 수 있고

✦ [사진 3] 로블록스의 테마파크 화면

직접 만들어서 친구들과 함께 즐길 수 있는 샌드박스형 게임 플랫폼이다.

　그렇다면 세컨드라이프와 비슷한 시기에 비슷한 서비스를 시작한 로블록스는 어떻게 아직까지 살아남아 2021년 메타버스 돌풍을 일으킬 수 있었을까?

　무엇보다 로블록스는 초기 오픈월드형 비디오 게임으로 시작했지만 크로스 플랫폼cross-platform 게임으로 진화하였다. 즉, 로블록스는 웹 기반이 아닌 콘솔, PC, 모바일까지 각 플랫폼에 맞는 애플리케이션 형태로 서비스를 했고, 이 때문에 스마트폰 시대에 빠르게 적응할 수 있었던 것이다. 로블록스는 다음 세대의 진화를 위해 VR 기기 및 AR 글라스 관련 서비스도 이미 계획하고 있다. 이렇게 조용히 미래에 대비하던 로블록스는 2021년 초 나스닥 상장을 준비하면서 엔비디아가 시작한 메타버스를 일반인들에게 알리는 데 큰 역할을 했다.

그다음으로, 통신속도가 3세대 이동통신(14.4Mbps)에서 5세대 이동통신(~20Gbps)으로 진화함에 따라, 더 많은 정보를 실시간으로 전송할 수 있다는 확신을 바탕으로 그래픽 성능도 진화하였다. 그 배경에는 엔비디아와 같은 그래픽 전용 칩의 기술 발전도 빠질 수 없다. 게다가 2010년 이후 딥러닝 기반의 AI 기술이 고도화되었다. 이 덕분에 샌드박스형 게임들은 PC나 모바일 환경에 최적화된 손쉬운 저작 도구를 제공하여 이용자들의 게임 창작 욕구를 충족시키며 발전하게 되었다.

결론적으로 통신 네트워크의 발전, 크로스 플랫폼을 통한 모바일 서비스 대응, 그래픽 기술의 진화, AI 기술의 발전 등의 요소가 한데 어우러져 현재의 로블록스(제페토 역시 마찬가지이다)를 만들고 있다고 할 수 있다. 20년 전 메타버스를 꿈꿨던 서비스들과 현재의 차이는 바로 이런 것들이 아닐까?

게임과 메타버스는
어떻게 다른 걸까?

 앞서 설명한 것처럼, 메타버스는 가상세계와 디지털로 호환가능한 현실세계를 연결하는 수단들을 말한다. 그럼에도 불구하고 게임과 메타버스의 차이를 묻는 질문을 종종 받고 있다. 아마도 일반인들이 보통 메타버스라는 말을 로블록스를 통해 처음 접했기 때문일 것이다.

 그렇다면 로블록스는 게임이 아닌 메타버스 플랫폼이라고 불릴 수 있을까? 제페토나 포트나이트도 게임이 아닌 메타버스 플랫폼이라고 해야 할까?

 우선 플랫폼이라는 개념부터 살펴보자. 메타의 CEO 마크 저커버

그Mark Zuckerberg는 인터넷의 다음 세대가 무엇이 될 것인지 묻는 질문에 "가상과 현실을 이을 수 있는 메타버스"라고 답했다. 이는 아마 현재 회자되는 메타버스 플랫폼들이 일반적인 소셜, 검색엔진 등과 같은 비즈니스를 추구하기 때문일 것이다. 이러한 플랫폼 비즈니스의 첫번째 사업목표는 서비스에 대한 직접적인 과금보다 서비스 이용에 대한 규모의 경제로 진입하는 것이다. 규모의 경제가 달성되면 다음 단계로 다양한 사업으로 확장할 수 있다. 이를 보여주는 대표적인 예가 바로 해외로는 메타와 구글이며, 국내로는 카카오톡과 네이버가 되겠다.

규모의 경제를 대표하는 주요 지표로는 서비스 내에 유입되는 이용자 수(MAU, monthly active user)와 그 이용자가 해당 서비스 내에 머무는 시간(TS, time spent)이다. 메타버스를 표방하는 서비스들은 이용자 수 증가, 다시 말해 집객을 위해 유명 가수의 콘서트, 팬사인회, 스포츠 중계 등 각종 이벤트 성격의 행사를 추진하고 있다. 이렇게 이벤트에 의해 유입된 이용자들의 지속적인 서비스 이용과 체류 시간을 증가시키는 것은 또 다른 숙제이다. 기존의 제작사 생산 게임 콘텐츠로는 다양한 이용자들의 니즈를 만족시키는 데 한계가 있다. 가장 빠르고 효율적인 해결 방법은 플랫폼을 제공하여, 이용자들 간의 소통과 창작 욕구를 충족시키는 것은 물론 다양한 게임 콘텐츠를 이용자 스스로 선택할 수 있도록 하는 것이다. 이를 위해 메타버스 플랫폼 기업들은 전략적 파트너십을 통한 다양한 플러그인plug-

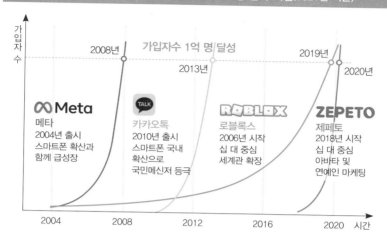

[그림 4] 각 메타버스 플랫폼의 이용자 1억 명 돌파 시점(2021년 기준)

가입자수

가입자수 1억 명 달성

2008년

2013년

2019년

2020년

∞ Meta
메타
2004년 출시
스마트폰 확산과
함께 급성장

TALK
카카오톡
2010년 출시
스마트폰 국내
확산으로
국민메신저 등극

ROBLOX
로블록스
2006년 시작
십 대 중심
세계관 확장

ZEPETO
제페토
2018년 시작
십 대 중심
아바타 및
연예인 마케팅

2004   2008   2012   2016   2020   시간

in 서비스를 추가하거나 이용자들이 간단한 게임 개발을 할 수 있는
저작 도구를 함께 제공한다. 그렇게 함으로써 단시간 내 다양한 게
임 콘텐츠를 플랫폼에 유입시켜 이용자들의 선택의 폭을 넓히고 체
류 시간을 증가시키고 있다. [그림 4]는 이용자수 1억 명 이상의 규
모의 경제로 진입한 메타버스 플랫폼들을 보여준다.

메타버스가 플랫폼 비즈니스로 자리잡은 데는 앞에서도 언급한
것처럼 GTC2020 이후 2021년 3월에 이루어진 로블록스 나스닥 신
규 상장 관련 뉴스플로우가 한몫을 했다. 로블록스는 상장을 준비하
면서 엔비디아에서 내세운 메타버스를 자신들의 샌드박스형 게임

메인 화면   특정 게임 선택

게임 진입

✦ [사진 4] 게임형 메타버스 플랫폼 로블록스의 콘텐츠

프레임을 벗어나기 위한 수단으로 사용하였고, 이는 공전의 히트를
치고 있는 듯하다. 사람들이 로블록스가 스스로를 '메타버스 플랫
폼'이라고 하는 주장을 받아들일 수밖에 없었던 것은 실제로 그 모
양새가 일반적인 플랫폼 비즈니스와 유사하기 때문이다. 콘텐츠 공
급자 대비 이용자로 표시하면, 기존 플랫폼의 1 대 N 관계가 N 대 N
의 관계로 진화한 것이 메타버스 플랫폼이라고 할 수 있다.

오픈월드형 게임에 익숙한 이용자들은 스스로 메타버스 플랫폼
이라고 주장하는 로블록스와 기존 게임 플랫폼과의 차이를 여전히
모호하게 느낄지도 모른다. 오픈월드형 게임은 이동 장소에 대한 자
유도를 부여한 것인데, 요즘 흔히 볼 수 있는 전략 시뮬레이션 게임
들도 여기에 포함된다. 여기서 이용자 행동의 자유도를 더욱 높인

돈이 되는 메타버스

것이 샌드박스형 게임인데, 금융거래 없이 집을 짓고 친구들과 놀거나 전투를 하거나 하는 등의 선택이 가능한 게임들이다. 여기서 더 나아가 게임사가 만들어준 아이템을 거래하는 형태가 추가되었는데, 이것이 이용자가 직접 게임과 아이템을 개발하고 거래하는 마켓으로 진화하면서 플랫폼 형태를 갖추었다고 할 수 있다. 이런 거래가 양성화된 공식적인 마켓을 가진 게임들이 최근 들어 메타버스 플랫폼으로 소개되고 있기도 하다.

COVID-19가 끝나도
메타버스는 여전히 핫할까?

과연 COVID-19가 진정되어도 메타버스는 계속 핫이슈가 될 것인가? 이것은 나 스스로도 가장 궁금한 질문이다. 우선 비대면 사회로의 변화를 가속화한 팬데믹 상황을 되짚어보면서, 우리가 추구했던 것들과 미래 사회 방향을 메타버스 관점에서 생각해보자.

앞에서 소개한 매슬로의 욕구단계설에 따르면, 우리는 비대면 사회에서든 대면 사회에서든 안전이 보장되면 소속감을 갖기 원한다. 그리고 소속감의 발현으로 제페토나 로블록스에서 친구들이나 동료들과 모임을 갖는다. 해외에 있는 코이카 동지들은 가상공간 제페토 월드에서 만나고, 일반인들은 가상의 한강 시민 공원에서 산책

✦ [사진 5] 제페토 내 코이카 모임(위)과 한강 시민 공원(아래)

을 한다.

하지만 메타버스 플랫폼 이용자들은 여전히 단순히 친구들, 동료들과 만나 함께한다는 소속감만으로는 무언가 부족함을 느끼며 그 이상을 원하게 된다. 매슬로 욕구단계설에 의하면 소속감을 채우면 그다음 단계로 타인의 인정을 갈망하기 때문인데, 그 현상은 현재 메타버스 플랫폼에서도 고스란히 드러난다. 그래서 사람들은 현실세계에서 갖지 못하는 명품, 건물, 땅 등에 대한 대체제로서 메타버스 플랫폼 내에서 그런 것들을 소유하기 시작했다. 이에 메타버스

✦ [사진 6] 명품 구찌를 착용한 제페토 아바타들(위)과 빌드잇을 이용한 공간 제작 모습(아래)

플랫폼들은 구찌나 샤넬 등 명품 브랜드들과의 협업을 통하여 이용자들이 가상세계 안에서 고가 소비재를 살 수 있도록 했고, 3D 저작툴을 통하여 가상공간 내 나만의 집과 건물을 소유할 수 있게 해주었다.

제페토, 마인크래프트와 같은 1세대 메타버스 플랫폼들은 나만의 집이나 건물을 지을 수는 있으나, 이것을 되팔아서 재화로 전환하는 기능은 지원하지 않는다. 이는 어쩌면 주 이용층이 청소년 이하임을 고려한 정책일 것이다. 그러나 이미 실물 경제에 익숙한 일반 성인

돈이 되는 메타버스

들은 집을 짓고 내 공간을 확보하는 것만으로 만족하지 않는다. 성인들이 주 타겟인 메타버스 플랫폼 디센트럴랜드, 어스2, 더샌드박스 등에서는 토지거래, 건축, 상거래 등 실물 경제에서 이루어지는 부동산 매매가 고스란히 구현된다. 이는 팬데믹 시기와 맞물려 메타버스 내 부동산 투자에 대한 MZ세대의 관심을 증가시켰다. 실물 부동산 대비 진입장벽이 낮으며, 새로운 경험에 가치를 두는 MZ세대 특성과 결이 맞아 더욱 뜨거운 관심을 받는지도 모른다.

특히 블록체인 거래가 가능한 플랫폼 디센트럴랜드에는 미국 비디오 게임회사 아타리가 카지노 플랫폼 디센트럴게임즈와 합작해 만든 가상자산 기반 오락시설 등이 포진해 있다. 이 게임에서는 실제 라스베이거스를 본떠 만든 베이거스시티에서 토지를 분양받고, 공연장 혹은 카지노 등을 건설하여 임대를 하거나 직접 운영하는 것이 가능하다. 각 토지별 용도에 맞게 분양을 받아 시설물을 건축할 수 있으며 중간 산출물(토지, 건물, 상가, 공연장 등)들도 거래할 수 있다.

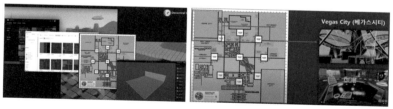

✦ [사진 7] 토지거래와 건설 및 응용 프로그램 제작이 가능한 디센트럴랜드

현실세계 사업을 시작하기 전에 실물 경제의 축소판인 이런 메타버스 플랫폼에서 파일럿을 경험하는 일도 의미 있을 것이다. 상권이 형성될 만큼 많은 이용자는 없지만, 실물거래 가격 대비 진입장벽이 확실히 낮다는 장점을 이용할 수 있다. 어찌 되었건, 이러한 가상자산이 이미 실물처럼 거래되고 있는 상황이다. 팬데믹이 끝나고 대면 사회가 도래한다고 해서 사람들이 가상자산 혹은 가상세계의 소유물을 쉽게 포기하지는 않을 것이다. 지금은 인터넷 보급이 상대적으로 저조했던 과거와는 완전히 다른 시대이다. 또한 이제 사람들은 생업의 현장에서도 일상생활에서도 스마트폰을 손에서 떼어놓기를 거부한다.

소통을 향한 인간의 기본적인 욕구에는 전혀 변함이 없다. COVID-19 팬데믹으로 인해 평범한 일상이 일시적으로 멈추게 되자, 사람들은 소통을 위한 대안적인 채널들을 신속하게 찾아냈다. 그리고 그 안에서 다시 자신만의 명예욕과 소유욕을 충족해왔다. 그 결과, 메타버스 소셜 플랫폼들은 실물 경제와 결합하며 진화하고 있다. 이런 사회 변화는 COVID-19가 끝난다고 해서 중단되거나 회귀하지는 않을 것이며, 그 이유는 앞으로 소개할 Part 2와 Part 3를 보면 더욱 명확히 알 수 있을 것이다.

메타버스와 가상화폐는
무슨 관계일까?

메타버스는 가상세계와 디지털로 호환 가능한 현실세계가 연결되는 확장현실이라 할 수 있다. 하지만 사람들이 쉽게 접하는 메타버스는 게임 및 소셜 플랫폼이 제공하는 가상현실인데, 사실 이것은 메타버스에서 이용될 콘텐츠에 불과하다. 이번 장에서는 이런 콘텐츠, 즉 게임 혹은 소셜 플랫폼의 메타버스에서 사용되는 가상화폐에 관련된 이야기를 풀어보려고 한다.

먼저 디지털 자산의 종류와 각 특징에 대해 간략히 알아보자.

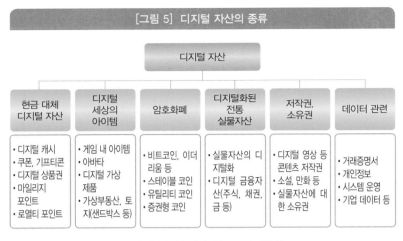

[그림 5] 디지털 자산의 종류

디지털 자산					
현금 대체 디지털 자산	디지털 세상의 아이템	암호화폐	디지털화된 전통 실물자산	저작권, 소유권	데이터 관련
• 디지털 캐시 • 쿠폰, 기프티콘 • 디지털 상품권 • 마일리지 포인트 • 로열티 포인트	• 게임 내 아이템 • 아바타 • 디지털 가상 제품 • 가상부동산, 토지(샌드박스 등)	• 비트코인, 이더리움 등 • 스테이블 코인 • 유틸리티 코인 • 증권형 코인	• 실물자산의 디지털화 • 디지털 금융자산(주식, 채권, 금 등)	• 디지털 영상 등 콘텐츠 저작권 • 소설, 만화 등 • 실물자산에 대한 소유권	• 거래증명서 • 개인정보 • 시스템 운영 • 기업 데이터 등

* KB금융지주 경영연구소 「블록체인 시장의 다음 메가트렌드, NFT」 자료 참고

이 시점에서 메타버스 플랫폼들과 관련한 디지털 자산 관련 용어(기술)들을 이해해야 한다. 우리는 어릴 적 한번쯤 그 많던 내 싸이월드 도토리의 행방에 대해 고민한 적이 있다. [그림 5]에 분류된 모든 디지털 자산을 알 필요는 없으나, 메타버스 플랫폼과 직접적 관련이 있는 암호화폐, 디지털 세상의 아이템, 저작권 혹은 소유권은 짚고 넘어가는 것이 좋다. 참고로 암호화폐, 크립토커런시 Cryptocurrency는 가상에서 사용되는 화폐로 같은 말이다.

온라인 게임에 익숙한 이들은 게임머니와 가상화폐를 어느 정도 이해하고 있을 것이다. 메타버스에서도 아바타를 꾸미기 위한 아이템이나 집, 건물 등 가상부동산을 거래하고 게임을 수행할 때 사용

돈이 되는 메타버스

하는 화폐가 존재할 수밖에 없다. 이런 가상공간 내에서 거래를 위해 이용하는 것이 가상화폐이며, 이것은 경제활동(여기서는 사고 파는 행위부터 생산행위까지 다 포함될 수 있다)이 이루어진다면 반드시 필요한 요소이다.

메타버스 내 거래를 위해 가상화폐 외에 꼭 필요한 것이 또 있다. 바로 블록체인 기술과 대체불가토큰NFT이다. 블록체인은 탈중앙화로 변조가 불가능immutable하고 추적이 가능traceable하며 감사가 가능auditable한 거래 장부를 만들어서 거래행위transaction를 부인하거나 조작하지 못하게 함으로써, 인터넷망에서 신뢰를 구축하는 방법이다. 전자지갑의 공개키public key만으로 거래자 신원을 표시하여 익명성이 보장되며, 암호키encryption key에 의하여 거래의 안전성 또한 보장된다. 이런 블록체인 기술이 있어야 가상세계 창작물에 대한 소유권과 진본성authenticity, 眞本性을 입증하여, 신뢰에 기반한 자유로운 거래가 가능한 플랫폼을 구현할 수 있다. 무한 복제가 가능한 기존 디지털 창작물이 메타버스에서는 블록체인과 결합하여 하나의 작품으로 판매 혹은 구매가 가능해졌다.

또한 메타버스 가상 경제에서는 창작자와 가상자산 소유자의 권리를 제대로 보호하는 장치가 필요하게 되어, NFT(대체불가토큰)를 도입하였다. 다시 말해, 블록체인과 NFT는 메타버스 경제활동을 뒷받침하는 핵심이다. 데이터 위·변조가 불가능한 블록체인은 아바타와

[그림 6] 기존 거래 시스템과 블록체인 시스템의 차이

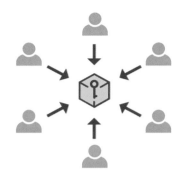

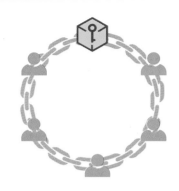

기존 중앙집중 방식의
거래 시스템 및 데이터 저장 방식

블록체인 방식의 분산화 네트워크 및
거래/데이터 저장 시스템

3D 캐릭터가 익명으로 활동하는 가상세계에 신뢰성을 부여하고, 아이템, 예술품 등 자산이 개별 가치를 갖게 하는 NFT는 이런 자산에 실제 가치를 매길 수 있게 하기 때문이다.

　여기서 가상화폐 거래 시스템을 메타버스에 도입한 로블록스와 블록체인 시스템으로 거래의 투명성을 보장한 디센트럴랜드 사례를 살펴보자.

(1) 로블록스의 로벅스 - 가상화폐 거래 시스템

알파세대의 놀이터라고 불리며 미국, 유럽을 중심으로 십 대들의 놀이터가 된 로블록스는 '로벅스Robux'라는 자체 가상화폐를 이용한다. 로벅스는 달러 혹은 유로로 환전이 가능하다. 1달러를 1200원으로 환산하면, 1로벅스는 약 15원이 된다. 요즘 대부분 서비스들이

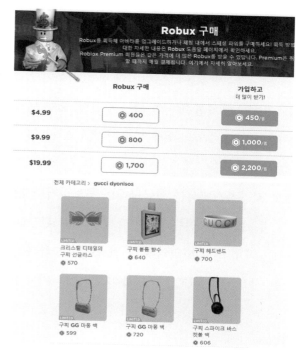

✦ [사진 8] 로벅스 환전 시세(위)와 로블록스 내 구찌 아이템(아래)

그렇듯이 로블록스도 로벅스 환전과 함께 구독 서비스도 병행한다. 환전한 로벅스를 이용하여 게임 아이템이나 아바타를 꾸밀 수 있는 아이템을 구매할 수 있다. 예를 들어 1만 원에 상당하는 로벅스로 구찌가 로블록스에서 판매하는 아이템들을 살 수 있는 것이다.

그러면 크리에이터들(게임 창작자 혹은 아이템 창작자)이 로블록스에서 벌어들인 로벅스는 현금으로 재환전할 수 있을까? 결론부터 말하자면, 다른 나라에서는 재환전이 가능하지만 우리나라에서는 불가능하다. 언론 보도에 따르면 수많은 크리에이터들이 로블록스에서 활동하고 있으며 그들의 월별 수익이 적지 않다고 한다. 크리에이터들의 수익 구조play to earn가 로블록스 인기의 한 요인이기도 하다. 그런데 왜 우리나라에서는 재환전이 안 되는 것일까? 2021년 12월 현재 우리나라는 게임 인앱 수익의 외부 반출이 법적으로 허용되지 않기 때문이다.

원칙적으로 로블록스에서는 현금구매로 확보하거나 창작활동으로 획득한 로벅스를 외부 연동계좌로 보내 달러로 환전할 수 있다. 즉, 로블록스는 게임 인앱 수익의 외부 반출이 가능하다. 그러나 우리나라에서는 정식 반출 경로로는 반출이 불가능하며, '아이템매니아'와 같은 외부 거래소를 통해 게임화폐와 아이템을 현금화할 수 있다. 왜 이런 황당한 규제가 생긴 것일까?

이것은 오래전 바다이야기 사태*로 인해 게임물관리위원회가 게임에 대해 엄격한 잣대를 갖게 되었기 때문이다. 그러나 로블록스를 일반적인 게임으로 볼 것인지에 대한 논란이 있는 것도 사실이다. 구글 스토어의 게임 카테고리에 있으니 게임이라는 주장부터 그 특성상 일반적인 게임으로 보기는 어렵다는 주장까지 의견은 분분하다. 하지만 로블록스는 플랫폼을 지향하며 게임 플레이어들뿐만 아니라 창작자들에게도 큰 생태계를 제공하고 있으므로 다시 한번 게임 카테고리의 정의를 살펴볼 필요성이 있다.

또한 제페토와 같이 메타버스 소셜 플랫폼으로 시작하여 게임 서비스를 제공하는 경우에는 게임으로 분류되지 않는 점을 고려할 때, 기준 및 규제에 대한 유연성 확보가 논의될 시점인 듯하다. 그러한 움직임의 일환으로 2021년 초부터 국회 과학기술정보방송통신위원회가 중심이 되어, 메타버스 생태계와 관련한 현행법상의 불합리성을 개선하기 위해 '가상융합경제 발전 및 지원에 관한 법률안'을 준비 중이다. 이 법안 내용 중에는 현행 법제에서 찾을 수 없는 신개념 '임시 기준'도 포함되어 있다. '임시 기준'이란 메타버스 등 가상융합 서비스의 개발·제작·출시·판매·제공·유통 등을 위해 필요한 법

---

* 바다이야기는 2004년 출시된 국산 아케이드 게임으로, 파칭코 시스템을 본뜬 오락실에서 크게 성행했다. 이들 업장들은 게임의 배팅 보상을 상품권으로 지급하고, 상품권을 업장의 환전소에서 현금으로 몰래 교환해주었다. 이 게임은 도박성과 중독성이 강하였고, 2006년 당시 관련 유통 상품권이 30조 원이었으며 이는 정부 총예산의 30% 수준에 이르렀다.

령 등이 없거나 불합리·불분명한 경우, 가상융합 사업자 등의 제안에 따라 임시적으로 적용할 기준을 마련할 수 있도록 하는 것이다. 하루빨리 이 법안이 시행되어 혼란이 줄어들기 바란다.

(2) 디센트럴랜드의 마나 - 블록체인 기반 거래 시스템

디센트럴랜드는 앞에서 간단히 언급한 바와 같이 가상세계에서 토지를 구매하거나 판매하는 등 다양한 경제활동을 할 수 있다. 토지거래 정보는 블록체인 기반의 이더리움 스마트 계약smart contract에 저장되며, 거래에 사용되는 가상화폐 토큰은 '마나MANA'이다. 즉, 부동산 거래정보는 해당 거래에 대한 작업증명이 일어나며 소유권에 대해 위·변조가 불가능한 거래 장부에 기록된다. 이를 통해 해당 아이템에 대한 판매기록이 계속해서 블록체인에 쌓이므로 투명한 거래가 가능하다. 거래 대금은 가상화폐 마나로 지불된다. 따라서 이더리움 스마트 계약에 저장된 토지는 대체가 불가능하고 양도할 수 있으며 유한한 디지털 자산이라고 할 수 있다. 대금으로 지불된 마나는 다시 현실에서 가치를 갖는 화폐로 바꿀 수 있으며, 이것이 블록체인 기반의 메타버스에서 일어나는 경제활동의 특징이도 하다.

디센트럴랜드에서 가상부동산 필지 단위인 랜드land는 최초에는 최소 단위당 1000마나로 구매가 가능하다. 이후 거래가 거듭되면서 가격이 조정되어, 우리 돈 약 8억 원(70.4만 달러)으로 거래되기도 했다(2021년 5월). 한 달에 10만 달러가 넘는 가상부동산 거래가 수백 건 발생한다고 하지만 별다른 재미 요소가 없어 현재 동시 접속자 수는 300명 수준이다.

이 게임은 가상부동산의 소유권을 블록체인 이용자에게 할당하는 방식으로 시작하여, 기존 블록체인 프로젝트처럼 백서도 존재한다(한글 버전도 있음). 기존 게임과의 가장 큰 차별성은 토큰 이코노미 Token Economy가 구현되어 있다는 점이다. 화폐는 마나 외에도 카지노게임 보상 혹은 은행 유동성 공급에 대한 보상으로 받는 디지DG가 있다. 각 자산은 모두 NFT로 구현되며 마나로 구입 가능하다. 토큰 이코노미 관점에서 디센트럴랜드는 잘 만들어진 시스템이다. 그러나 제대로 된 토큰 이코노미 생태계를 주장하기에는 이용자 수가 많지 않아 자발적인 경제적 기여가 크다고 할 수 없으며, 지속적인 참여자 수를 늘리기에는 카지노 외 재미 요소가 없어 한계가 있는 듯하다.

반면, 가상부동산 거래 플랫폼 관점에서 종종 비교되는 어스2는 아직 가상화폐와 블록체인을 도입하지 않고 있으며, 2021년 5월에 블록체인 개발 계획을 공지한 이후 업데이트가 없다. 어스2의 가상화폐와 블록체인 도입에서 가장 어려운 문제는 기존에 어스2가 타일(지구 전체 위성지도를 10×10m 크기로 구획한 가상토지 기본 단위)을 실제 현금(달러, 신용카드)을 받고 판매를 했다는 점이다. 이용자들이 보유한 타일은 이미 달러 가치를 포함하고 있어, 탈중앙화 및 토큰 이코노미 형성에 실물 자산 가치가 섞여들어 혼란을 일으킬 수 있다. 하지만 블록체인을 도입하지 않으면 거래에 대한 진본성이 보장되지 않는 위험은 고스란히 사용자의 몫이 된다.

더 알아보기

대체불가토큰 NFT(Non-Fungible Token)이란?

비트코인, 이더리움과 달리 하나의 토큰을 다른 토큰으로 대체할 수 없는 토큰이다. NFT는 발급된 토큰마다 특정 코드가 부여되어 모두 다른 가치를 가진다. 참고로, 대체가능토큰은 이더리움, 비트코인과 같이 상호 교환가치가 동일한 가상화폐를 말한다.

NFT의 발행에는 이더리움 네트워크에서 사용되는 ERC 프로토콜을 사용한다. ERCEthereum Request for Comment는 '이더리움의 요구 사항을 위한 표준'이며, 이는 이더리움을 이용해서 가상자산을 발행할 때 지켜야 하는 규칙이다. 대체가능토큰을 발행하는 규격으로는 ERC-20을 사용한다. ERC-20의 특징은 동등한 가치의 구매·판매·교환으로, 누가 토큰을 보유하고 있든 상관없이 토큰 가치는 동일하다.

[그림 7] 대체가능토큰 개념도

1개 토큰
교환(거래)
N개
BTC or ERC

1개 토큰
교환(거래)
N개
BTC or ERC

코인/토큰
보유자

가상자산 거래소

코인/토큰
보유자

반면, NFT 발행에는 ERC-721을 사용한다. ERC-721은 예술품, 골동품, 캐릭터 등에 대한 NFT를 발행하여 토큰을 생성하고, 해당 토큰의 고유한 가격이 결정되면 가상자산으로 거래하는 방식이다. 최근에는 미술품 및 음반 거래에서 토큰을 분할해 소유하는 등 새로운 방식이 나타나고 있다. 즉, 토큰을 1/N과 같은 형태로 나눠서 거래 및 소유할 수 있는 것이다.

토큰 1개당 가치가 모두 다르므로, 한정판 아이템, 아바타 등 희소성 있는 디지털 창작물을 블록체인상에서 토큰화할 때 활용 가능하다. 위조나 변조가 불가능하도록 만들어 영구 보존하고 소유권을 탈중앙화한 형태로 확인할 수 있어, 가상세계에서 NFT가 보편화되면 현실세계에서도 새로운 금융 시장이 형성될 것으로 전망되기도 한다. 단, 두 가지 맹점에 대해서는 알고 있으면 좋을 것 같다. 첫째, 애초에 원본과 여러 복제된 콘텐츠에 대해 NFT를 발행한다면, 당초 NFT의 목적 기능인 진본을 가릴 방법이 없다. 둘째, 가상의 이 등기부등본 NFT는 공교롭게도 친환경과 거리가 멀다. 디지코노미스트Digiconomist의 에너지 소비지수*에 따르면, NFT의 근간이 되는 가상화폐 이더리움의 단일 거래 탄소발자국carbon footprint(온실 효과를 유발하는 이산화탄소의 배출량)을 83.83㎏의 이산화탄소로 추정(유튜브 13,972시간 시청 수준)하고 있다. 무분별한 NFT 생성을 방지하려면 NFT를 생성할 수 있는 권한을

---

* https://digiconomist.net/ethereum-energy-consumption

돈이 되는 메타버스

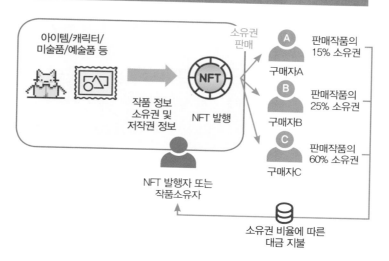

[그림 8] NFT 분할 거래 개념도

아이템/캐릭터/미술품/예술품 등

작품 정보 소유권 및 저작권 정보

NFT 발행

NFT 발행자 또는 작품소유자

소유권 판매

A 구매자A · 판매작품의 15% 소유권

B 구매자B · 판매작품의 25% 소유권

C 구매자C · 판매작품의 60% 소유권

소유권 비율에 따른 대금 지불

콘텐츠를 생성하는 창작자 또는 창작자에게 권한을 위임받은 피위임자로 한정하는 방법 등이 있을 수 있다.

토큰 이코노미(Token Economy)란?

토큰 이코노미는 원래 행동심리학에서 시작된 용어이다. 이것은 어떤 행동을 이끌어내기 위해 유무형 가치와 교환할 수 있는 '토큰'을 보상으로 주고 그 행동을 강화하는 방법을 의미한다. 예를 들어 학생에게 수학 문제를 풀면 보상으로 토큰을 주고, 그 토큰을 음식, 장난감과 같은 유형의 보상 또는 컴퓨터 이용 시간, 게임 시간과 같은 무형의 보상과 교환해주는 것이다. 특정 행동을 강화하기 위해서는 충분한 보상이 주어져야 하고, 그 보상과 토큰의 교환 역시 합리적인 수준이어야 한다.

　참여 제한이 없는 퍼블릭 블록체인에서 시작된 토큰 이코노미의 움직임은 블록체인이 추구하는 가치, 즉 네트워크의 참여와 기여를 고무하는 데 적합하다. 따라서 이런 활동에 대한 보상(인센티브 등)으로 토큰이 발행되는 것이다. 현재 기여와 보상이라는 관점에서 발행된 토큰에 경제적 가치를 부여하고, 실물 경제의 재화로 인정하기 위한 연구가 활발히 진행되고 있다. 그러나 실물 경제의 가상자산에 대한 거부감이 여전하고 자산 변동성이 크다는 점은 토큰 이코노미 활성화에 장애요인으로 남아 있다.

메타버스 속
부캐의 의미는?

'유야호', '지미유', '유산슬', '유르페우스', '유고스타', '유두래곤'의 공통점이 무엇인지 알고 있는가? 바로 국민 MC 유재석이 예능 프로그램에서 선보인 '부캐'들이라는 것이다. 원래 부캐란 온라인 게임에서 통용되던 용어로, 게임에서 주로 사용하는 본래 캐릭터(본캐) 외에 다른 목적으로 만든 보조 캐릭터를 의미하는 '부副 캐릭터'의 줄임말이다. '본캐'는 아니지만 필요할 때마다 가끔 접속해서 활용하는 서브 캐릭터로, 현실의 부캐는 이러한 게임 속 부캐의 의미가 일상으로 확장된 것이다.

최근 자신의 본래 직업이나 역할에서 벗어나 또 다른 활동을 펼치는 사람들이 많아졌는데, 이런 활동을 할 때 '부캐'라고 부르는 것이다. 이때는 마치 게임처럼 이름, 설정, 역할도 완전히 바뀐다. 본캐를 유지한 상태에서 새로운 콘셉트의 부캐를 계속해서 추가해나가는 식이다. 부캐는 '평소 내 모습과는 다른 새로운 모습이나 캐릭터'라는 뜻으로 쓰이면서, 메타버스가 유행하기 이전인 2020년부터 핵심 트렌드로 자리 잡기 시작했다. 사실 이런 현상은 기존에도 '멀티 플레이어'라는 이름하에 엔터테인먼트계에서 목격되던 것이다. 예컨대 연기자가 예능에도 출연하고 가수로도 활동하거나, 아이돌 중 일부가 연기자로 활동하거나 MC로 활동하는 식이었다.

그런데 2020년 이후에는 점차 일반인들도 다양한 형태의 부캐를 만들어 활약하고 있다. 낮에는 직장에서 본캐로 일을 하지만 퇴근 후에는 유튜브 크리에이터나 블로그 작가, 또는 다양한 취미활동을 통해 부캐로 변신하는 사람들이 많다. 이러한 부캐 열풍은 경제적 목적보다는 취미나 여가생활 같은 재미에 좀 더 초점이 맞춰져 있다. 본캐가 생존을 위해 어쩔 수 없이 수동적으로 선택한 캐릭터라면, 부캐는 자신의 취향을 즐기고 꿈을 실현하기 위해 자발적으로 만들어낸 캐릭터다.

그렇다면 현대를 살아가는 우리들에게 부캐란 어떤 의미인가?

부캐란 학술적 표현으로 '페르소나persona'라고 할 수 있다. 페르소나는 그리스 어원의 '가면'을 나타내는 말로, '외적 인격' 또는 '가면을 쓴 인격'을 뜻한다. 페르소나를 처음 사용한 사람은 심리학자이

돈이 되는 메타버스

자 정신과 의사였던 칼 융Carl Jung인데, 그는 "인간은 천 개의 페르소나를 지니고 있으며, 상황에 따라 적절한 페르소나를 쓰고 관계를 이루어나간다"라고 말했다. 자아가 내면세계와 소통하는 주체라면 이와 구분된 페르소나는 일종의 가면으로 집단 사회의 행동 규범 또는 역할에 맞게 행동한다고 본 것이다. 이런 페르소나에 의해 원래의 자아가 지나치게 억압되면 내적으로 우울증, 열등감이 자라게 되어 정신적인 문제까지 발생할 수 있다. 어쩌면 우리는 이런 문제를 극복하기 위해 '멀티 페르소나'를 추구하는 것일지도 모른다. 멀티 페르소나는 상황에 따라 가면을 바꿔 쓰듯 그때그때 다른 사람으로 변신하여 다양한 자기 정체성을 표현하는 것을 일컫는다.

메타버스 서비스의 핵심 요소 중 하나인 아바타도 가상세계에 존재하는 다양한 부캐, 즉 멀티 페르소나를 의미한다. 사용자들은 자신의 아바타를 생성하고 아이디를 부여하여 해당 메타버스 세계관 내에서 다른 이용자들과 소통하고 활동한다. 그러다 보니 로블록스의 '나'와 제페토의 '나'는 그 생김새부터 역할까지 모두 다르다.

과거에도 메타버스는 존재했다. 도토리를 가상자산으로 삼아 미니미를 꾸몄던 싸이월드가 그 예다. MZ세대는 어릴 때부터 디지털 세상을 접해왔고 가상공간에서 활동하는 데에도 익숙하다. MZ세대에게 가상공간의 자아는 현실세계의 자아만큼 중요하다. 특히 MZ세대가 가지고 있는 멀티 페르소나의 특성은 메타버스 생태계를 확장하는 데 일조하고 있다. 이 특성은 MZ세대가 SNS를 이용할 때 여러 개의 부계정을 운영하는 모습에서도 엿볼 수 있다.

MZ세대는 인스타그램이나 트위터에서 자신의 일상을 올리는 본계정과, 관심사나 취향을 주제로 한 부계정을 별도로 분리해 운영하며 여러 개의 각기 다른 자아로서 활동한다. 카카오가 카카오톡 프로필을 3개까지 추가할 수 있는 멀티 프로필 기능을 출시한 것도 이 같은 MZ세대의 특성을 반영했기 때문이다. 성신여대 서비스·디자인공학과 이향은 교수는 "MZ세대는 디지털 네이티브로서 미디어를 통해 자신을 드러내는 방식에 익숙해져 있다"라고 하며, "정형화된 정체성에서 벗어나 새로운 자아의 표현을 당연하게 받아들인다"라고 덧붙였다.

그런데 왜 하필 지금 시점에서 부캐가 주목받는 것일까?

과거에는 개인보다 집단의 성장에 초점을 맞췄다. 개인의 행복이나 꿈은 우선순위에서 밀려났다. 하지만 경제 성장이 둔화되고 개인주의가 확산되면서 이제는 저마다의 '작지만 확실한 행복'이 중요해졌다. 이른바 '소확행'이다. 일과 삶의 균형을 맞추려는 사람들이 늘어났고, 그 과정에서 일 바깥에서 새로운 자아를 찾는 사람들도 함께 늘었다. 생존과 집단주의에 억눌렸던 가면을 벗고, 나에게 어울리는 '진짜 가면'을 찾기 시작한 것이다. 부캐는 다양한 인생을 체험할 수 있도록 돕는다. 부캐의 가치는 내가 가장 행복해질 수 있는 영역을 찾아내고, 마치 놀이를 즐기듯이 본캐의 삶과 병행할 때 극대화된다.

돈이 되는 메타버스

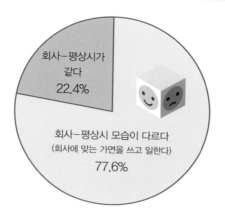

[그림 9] 직장인 멀티 페르소나 비율

회사-평상시가
같다
22.4%

회사-평상시 모습이 다르다
(회사에 맞는 가면을 쓰고 일한다)
77.6%

2020년 잡코리아에서는 직장인 559명을 대상으로 '멀티 페르소나 트렌드 조사'를 했다. 그 결과, 전체 중 77.6%에게서 "회사에서의 나의 모습은 평상시의 모습과 거리가 있다"라는 답을 들었다. 나이가 어릴수록 이런 경향은 더욱 강해져 이십 대의 80.3%, 삼십 대의 78%가 스스로를 '멀티 페르소나'라고 평가했다. 이는 곧 '사회적인 나'와 '본래의 나'가 극명하게 분리되어 있다는 사실을 보여준다.

우리나라 사회는 다양성이나 개인의 취향을 존중하기보다는 집단을 우선시하는 경향이 있어서, 각 개인은 자신의 본성을 최대한 억제해야 하는 삶을 살아왔다. 하지만 밀레니얼 세대의 등장으로 이러한 억압이 더 이상 통하지 않게 됐다. 자유로운 감성을 지닌 이들은 기성세대의 요구대로 자신의 정체성을 몽땅 사회의 규격에 맞추기를 거부한다. 그래서 직장에서는 본캐의 역할을 하면서도 사적인 영역에서는 부캐를 본격적으로 가동하는 것이다. 낮에는 회사에서 성실한 직장인으로 살지만, 밤에는 배틀그라운드의 '파티원'으로 활동하거나 주말에는 제페토의 아바타 의상을 디자인하는 크리에이터가 되기도 한다.

부캐일 때는 자기 생각과 행동마저 여지없이 바뀌게 된다. 본캐에서 부캐로 전환하는 것은 집단을 강조하는 획일화된 사회에서 개인을 강조하는 다양성의 사회로 옮겨가는 일이기 때문이다. 이는 한 사회의 문화적, 예술적 저변을 넓히고 사람들의 행복을 증진시킬 수 있다. 특히 다양성이 인정되는 사회일수록 경제적으로도 더 발전할 수 있기 때문에 장기적으로 부캐의 발전은 창조적인 일로 진입하는 더 많은 사람을 만들어낼 것이다. 이러한 부캐를 통해 행복을 찾아나가는 사람이 많아지면, 자연스럽게 사회 분위기도 좀 더 편하게 변할 수 있지 않을까?

멀티 페르소나 트렌드가 확산될 것이라고 생각하는 직장인들은 그 이유로 '개인 특성과 다양성을 중시하는 사회 분위기가 늘어나서(61.2%)', 'SNS 등 개인을 표현할 수 있는 수단이 많아져서(44.7%)', '평생직장 개념이 희미해져서(27.3%)', '애플리케이션 등을 통해 다양한 취미생활을 손쉽게 경험해볼 수 있어서(26.6%)' 등을 꼽았다. 이렇듯 현대인들이 사적인 삶과 공적인 삶을 구분하기 위해 사회적 가면을 쓰고 부캐를 형성하는 일은 이미 자연스러운 현상으로 받아들여지고 있다.

이러한 멀티 페르소나는 COVID-19 팬데믹에 의한 비대면 협업의 일상화 외에도 메타버스 아바타를 이용한 익명성과 블록체인, NFT, 가상화폐 등을 통한 투명성 강화와 함께 더욱 확산하고 있다. 메타버스를 기반으로 성장하는 부캐, 즉 멀티 페르소나 경제에서는 '브런치' 작가가 자기 소개란에 제페토 아바타를 올리고 또 다른 부캐 아바타로 네이버 라이브 쇼핑 쇼호스트로 활동하게 될 것이다. 이 모든 거래는 제페토 아바타들과 블록체인으로 이루어지고, 성과 보수는 제페토 가상화폐인 '잼Zem'으로 받은 다음 현실의 돈으로 환전할 수 있는 날이 올 것이다.

셰익스피어의 말이 옳았다. "모든 세상은 무대이고, 사람은 살면서 다양한 역을 연기한다All the world's a stage. (……) And one man in his time plays many parts."

빅테크들은 왜
XR 기기에 집착하는 것일까?

메타버스 플랫폼을 아직 경험해보지 못한 사람들은 종종 메타버스를 이용하는 데 꼭 VR 기기가 있어야 하는지 묻는다. 하지만 실제로 VR 기기를 이용해서 접속 가능한 메타버스 플랫폼은 현재 몇 개 없다. 2010년 전 세계적으로 유행했던 '포켓몬 고'를 통해서 알게 된 사실 중 하나는 AR 기기가 없어도 스마트폰 카메라를 이용해 유사한 경험을 할 수 있다는 것이다. 그렇다면 정작 빅테크들은 왜 메타버스를 외치며 VR 또는 XR 기기 만드는 것에 에너지를 쏟고 있을까?

일반 스마트폰에서도 XR 혹은 메타버스 경험을 할 수 있다는 것이 메타버스 생태계에 어떤 의미를 갖는지 살펴보자. 앞에서 언급한 포켓몬 고는 카메라로 들어오는 평면 같은 사진 위에 부자연스럽게 피카츄 이미지가 놓이는 방식이다. 이후 애플Apple이 먼저 2017년 9월 AR 플랫폼인 AR키트ARKit를 포함한 iOS 11을 발표하고, 콘텐츠에 좀 더 사실감 있는 깊이감을 더하는 생태계를 구축하기 위해 나섰다. 구글Google은 이를 따라잡으려고 곧바로 안드로이드 운영 체제 이용자를 위한 AR코어ARCore라는 AR 플랫폼을 공개하였고, 2018년에는 VR 플랫폼인 데이드림 서비스를 과감히 종료했다. 아마도 구글의 입장에서는 탱고Project Tango*로 스마트폰에서도 연습을 해왔던 AR 플랫폼에 좀 더 자신감이 있었던 것 같다. 구글 글라스(AR 글라스)로 세계 최초로 AR 서비스도 해봤기 때문이다. 게다가 사실 VR 플랫폼 데이드림은 메타(페이스북)의 오큘러스(2014년 시작)보다 2년 늦게 시작했었다.

다음 [표 1]에서 보는 것처럼 애플의 AR키트와 구글의 AR코어는 큰 차이가 없다. 결국 이것들은 스마트폰 카메라로 현실을 촬영했을 때 현실 공간에 가상의 정보를 합성해 보여주거나 가상공간으로 재구성하게 해주는 AR 플랫폼이다.

최근 해외 빅테크 관련 뉴스를 보고 있노라면 그들의 생태계 또

---

* AR를 테스트하기 위한 모듈형 스마트폰

[표 1] 애플 AR키트와 구글 AR코어 비교

구분	AR키트	AR코어
공식 발표일	2017년 6월 5일	2017년 8월 29일
적용 OS	iOS 11 이상	안드로이드 7.0(누가) 이상
지원 디바이스	A9/10 프로세서 탑재 아이폰/아이패드 (아이폰 6S/6S+/7/7+/8/8+/X/SE)	안드로이드 스마트폰 36종 (2018년 6월 1일 기준)
부가 하드웨어	없음	없음
지원 기능	모션추적 / 주변환경이해 / 광원추정	모션추적 / 주변환경이해 / 광원추정

* 정보통신기획평가원 자료 참고

한 약육강식을 연상케 한다. 2020년 애플이 새로운 OS에서 이용자 개인정보 기준을 강화했는데, 이에 따라 자신들의 주 수입원이었던 타겟 광고가 어렵게 된 메타(당시 페이스북)는 공개적으로 애플을 비난하고 나섰다. 이것은 2020년부터 시작된 에픽게임즈와 애플의 앱스토어 독점 분쟁에 메타가 참전하는 것으로 연결되었다. 이 분쟁의 시작은 애플이 플랫폼 독점을 내세워 인앱 외 결제를 차단한 것이었다. 모바일 플랫폼의 두 거대 기업 애플과 구글은 자신들의 플랫폼에서 다운로드한 애플리케이션에서 발생하는 이용자 결제 금액의 30%를 수수료로 가져가는 방식의 수익 구조를 갖고 있다. '포트나이트'라는 메타버스 플랫폼을 보유한 에픽게임즈는 자사 플랫폼 수수료 12%에 비해 이런 수수료율이 과도하다고 지적했고, 이는 에픽게임즈와 애플 간의 법적 분쟁으로 발전했다. 그런데 개인

돈이 되는 메타버스

정보로 애플과 갈등을 빚던 메타가 에픽게임즈를 돕겠다고 나서게 된 것이다.

이렇게 플랫폼의 독점적 지위를 이용하는 모바일 거대 공룡을 대상으로 여타 기업이 거부감을 갖는 것은 당연한 일인지도 모른다. 이와는 별개로 세계 최초로 2021년 8월 우리나라에서는 '전기통신 사업법 개정안'이 통과되어, 인앱 결제 강제가 법적으로 금지되었다. 이것을 계기로 미국을 포함한 몇몇 국가가 연대를 맺기로 하면서 우리나라의 인앱 결제 강제 금지법은 전 세계적으로 새로운 기준이 마련되는 시발점이 될 것 같다.

한편 스마트폰 시대 초기부터 모바일 빅테크들에 대한 거부감을 가지고 있던 PC 플랫폼의 강자 MS는 XR 기기를 이용한 새로운 플랫폼을 향해 가장 먼저 움직였다. 이들은 2013년 노키아 인수를 시작으로 광학계 관련 특허와 인력을 흡수하며 홀로렌즈를 준비했다. 그리고 그들의 장점인 PC OS와의 통합 플랫폼(윈도우즈10)으로 웨어러블 기기인 홀로렌즈를 자신들의 생태계로 편입시키려는 전략을 펼쳤다. 2021년 3월에는 그들의 혁신기술을 소개하는 '이그나이트Microsofe Ignite 2021'에서 그들의 생태계를 홀로렌즈2와 연계할 수 있도록 애저Azure 클라우드 구독 서비스와 산업용 협업 솔루션 메시Mesh 서비스를 소개하였다.

MS는 윈도우즈10을 출시한 2015년부터 '유니버셜 윈도우즈 플랫

✦ [사진 9] MS 윈도우즈10과 유니버셜 윈도우즈 플랫폼 지원 장치들

폼Universal Windows Platform**을 표방했다. 당시 가장 눈에 띈 것은 2014
년에 개발자용으로 공개하여 전 세계에 바람을 일으킨 XR 글라
스 형태의 홀로렌즈와의 호환성뿐만 아니라 스트리밍 게임기가 아
니었던 엑스박스Xbox와의 호환성까지 염두에 두었다는 점이었다.
2015년 출시를 위해 수년 전부터 준비를 해왔음을 짐작할 수 있었
는데, 한편으로는 모바일 OS 플랫폼 장악의 기회를 놓친 것을 만회
하기 위해 많이 고민한 흔적이 엿보였다. 아무리 좋은 플랫폼을 개
발했다 할지라도 일반 사용자들이 모바일 생태계를 먼저 접하는 상
황에서 MS의 생태계 확장은 한계가 있는 듯했다.

  결국 MS는 더 많은 이들을 자신들의 생태계로 유인하기 위해 이

---

* 각 디바이스 플랫폼별 소프트웨어를 개발할 필요 없이 하나를 개발하면, 모든 윈도우즈 생태
  계 디바이스에서 동작되는 앱 개발 가능 플랫폼

돈이 되는 메타버스

미 일일활성이용자 수daily active user, DAU가 약 1.5억 명이 넘는 화상회의 시스템인 팀즈에 3D 아바타를 지원하기로 하고 윈도우즈11에는 기본으로 설치하도록 하는 등 노력을 기울이고 있다. 언뜻 보면 MS는 산업용과 같은 B2B 사업에만 신경 쓰는 듯 보인다. 그러나 그들은 2016년부터 다양한 학교와 회사에서 XR 기기 홀로렌즈1세대의 활용 가능성을 실험하였다. 그리고 현 시점에서는 윈도우즈와 같은 PC OS를 보유한 장점을 이용하여 PC 기반의 확장이 유리하다고 판단한 것으로 보인다. 어쩌면 2018년부터 미군과 홀로렌즈2의 개발자 모델을 이용한 프로젝트를 수행하고 있었던 것처럼, B2C 사업의 강자와 이미 협업을 하고 있는지도 모른다. 2022년 가을을 기대해 보자.

그 이후 MS는 홀로렌즈 XR 기기 2세대를 엔터프라이즈용으로 판매 중이며, 2021년 3월 미군과 218억 8000만 달러(약 26조 원) 규모의 공급 계약을 수주했다. MS는 그들만의 생태계를 구축하기 위해 다양한 기업 또는 단체와 협업하고 있다. 인텔에서 분사된 소프트웨어 회사인 PTC의 제조 등 XR 산업용 협업 솔루션(뷰포리아)을 홀로렌즈용 원격 협업 솔루션으로 판매하고 있으며, 의료용 활용을 위해 병원들과도 적극적으로 협력하고 있다. 하지만 MS의 XR 기기를 일반인들이 이용하기에는 투박한 외형 외에도 아직 성능 대비 비용의 장벽이 큰 것 같다. 그러나 MS는 메타버스에 진심인 듯하다. QR 링크를 참고하자.

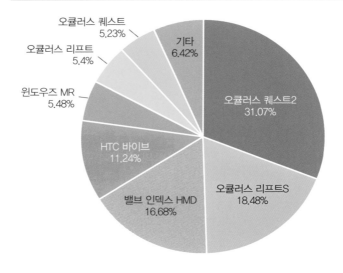

[그림 10] VR 기기 시장 점유율

오큘러스 퀘스트
5.23%

오큘러스 리프트
5.4%

윈도우즈 MR
5.48%

기타
6.42%

오큘러스 퀘스트2
31.07%

HTC 바이브
11.24%

밸브 인덱스 HMD
16.68%

오큘러스 리프트S
18.48%

XR 기기 개발에 대해 이야기할 때 메타를 빼놓을 수 없다. 메타는 구글과 애플의 스마트폰을 등에 업고 성장한 기업이지만, 오큘러스를 통해 VR용 자체 플랫폼과 디바이스의 독점적 장점을 맛보았다. 그러다 보니 왓츠앱, 인스타그램 등의 인수로 전 세계적인 '소셜 왕국'을 건설했음에도, 애플의 개인정보 차단 및 플랫폼 수수료 등의 고충에서 벗어나기 위해 지금의 오큘러스 스토어를 중심으로 한 자체 플랫폼을 갖고자 하는 욕구가 더욱 강할 것 같다. 이에 대한 방증 중 하나는, 메타가 2014년 오큘러스를 인수한 이후 끊임없는 M&A를 통해 연구 개발 인력(전체 회사 규모의 20% 이상) 중 XR 분야에만

10000명이 넘는 직원을 확보하고 있다는 사실이다. 이들 중 상당수가 메타의 리얼리티랩Reality Lab에 소속되어 있는데, 이곳은 인지과학 및 뇌과학을 연구하는 인력으로 구성되어 있다. 메타가 생각하는 소셜은 시공간을 초월하여 교류할 수 있는 것이며, 이를 위해 자연스러운 인터페이스가 가능한 XR 기기를 개발하고 있다. 2020년에는 오큘러스에서 2세대 VR 기기를 출시하며 VR 기기 시장 점유율 50% 이상을 기록하는 등 VR 시장을 재편하면서 그 가능성을 실현하고 있다.

메타가 XR 글라스 개발을 위해 협력한 회사는 다름 아닌 룩소티카*이다. MS 또는 구글처럼 B2B 사업이 아닌 B2C 사업을 염두에 둔 행보이다. 2020년 9월 메타는 COVID-19로 전 직원이 재택근무를 하는 환경에서 실험적인 프로젝트를 시작했다. 디스플레이 없이 오디오 및 카메라 기능만으로 구성된 XR 기기를 직원 모두에게 배포하고 1년간 데이터를 수집하기로 한 것이다. 그 결과가 몹시 궁금하지만 공개하지 않은 채, 2021년 9월부터 선글라스로 유명한 '레이벤' 디자인을 적용한 그 실험적 XR 기기를 대중에게 '레이벤 스토리즈'라는 이름으로 판매하기 시작했다. 메타는 이것을 시작으로 새로

---

* 이탈리아 기업 룩소티카는 전 세계 안경 브랜드 80%를 소유하고 있다. 샤넬, 프라다, 베르사체, 오클리, 레이벤 등 우리가 한 번쯤 들어본 선글라스들은 대부분 이 회사 제품이다. 게다가 이들은 미국에서 가장 큰 안경 유통 브랜드도 소유하고 있다.

운 플랫폼 생태계를 구축하고자 하는 것이다. 메타는 소셜 기업으로 성장해온 배경을 가지고 있지만 유독 하드웨어 스타트업, 그중에서도 마이크로LED 디스플레이 기업을 2개나 인수합병을 했다. 이는 그만큼 메타가 하드웨어에 집착하고 있다는 점과 하드웨어 중 디스플레이를 중요하게 생각한다는 점을 보여주는 부분이다. 세 번째로 2020년에 인수를 검토한 플레시의 경우 이전의 시행착오를 만회하기 위해서인지 3년간 마이크로LED 성능을 검증하면서 독점 공급하는 조건으로 계약했다고 알려져 있다. 아마도 이것으로 미루어 볼 때 그들이 성공한다면 빠르면 2023년 가을에는 또 다른 레이벤 스토리를 기대해도 되지 않을까.

이 외에 스냅과 바이트댄스도 유사한 행보를 보이고 있다. 숏클립 SNS 틱톡 서비스 운영사인 바이트댄스는 2021년 8월 피코(VR 기기 3위 업체)를 인수했다. 스냅쳇으로 유명한 스냅은 2021년 5월 XR 기기 관련 광학계 전문업체 웨이브옵틱스를 인수했고, 그에 앞선 1월에는 AI로 가상피팅 등이 가능한 '에리얼 AI'를 인수했다. 모두가 새로운 플랫폼 생태계에서 기회를 놓치지 않겠다는 의지로 보인다.

애플과 구글, 이 두 빅테크들은 이미 확보한 모바일 플랫폼을 중심으로 생태계가 커지기만을 조용히 기다리는 듯하다. 즉, 앞에서 언급한 AR코어와 AR키트를 중심으로 다른 기업들이 다가와 주기를 바라며 준비하고 있다. 구글은 2013년 구글 글라스를 처음 소개한 이후 2015년 이후 잠정적으로 판매를 중단했다. 2017년 기업용 솔루션으로 재판매에 들어갔지만 2015년 이후 사용하는 사람을 본 적이 없다. 2020년 스마트 글라스 기업 노스의 인수로 다시 한번 단순 정보 전달용 AR 글라스를 출시할지도 모른다는 의견도 있다. 꾸준한 소문에 따르면, 애플은 구글이 글라스로 시행착오를 하는 동안 수백 명 규모의 '시크릿 연구팀'을 구축해서 VR과 AR 기술을 개발하고 있다. 실제로 애플 광학 부문에서 개발 직원으로 일했던 사람에게서, 세상에 소개된 모든 XR 기기의 방법들을 똑같이 구현해서 테스트해보았고 일부 방식의 양산 가능성을 검토하고 있다는 얘기를 전해 듣기도 했다. 애플이 이렇게 여유롭게 준비만 할 뿐 공격적으로 제품 출시를 미뤄왔던 것은 어쩌면 기득권자의 특권일지도 모른다. 2020년과 2021년 메타의 오큘러스 퀘스트2 판매 실적을 보며, 이제 그들은 잠행을 끝내고 기지개를 켜는 듯하다. 2022년 VR 기기를 출시할 예정이며, 일반적인 안경형 AR_{Optical see-through} 기능이 아닌 카메라 AR_{Camera see-through} 기능을 제공할 예정이라고 한다. 아이폰 13 프로맥스에서 제공되는 QR 링크와 같은 기능을 탑재할 것으로 예상된다. 비록 진정한 XR 글라스는 아니지만, XR 글라스의 출시는 우리나라의 모바일 부품산업 활성화를 위해서도 필요해 보인다. 참고로 상세한 디바이스 관련 내용은 Part 3에서 다룰 것이다.

정리하자면, [표 2]와 같이 빅테크들은 XR 기기를 만들기 위해 엄

[표 2] 빅테크들이 인수한 XR 분야 기업들(2021년 10월 기준)

빅테크	인수 회사(인수 연도)	주요 분야
메타(페이스북)	오큘러스(2014)	VR 기기 제조
	컨트롤랩스(2019)	손목밴드형 XR 인터렉션 기기 개발
	비트게임즈(2019), 산자루게임즈(2020), 레디엣돈(2020)	VR 게임 개발
	인피니엘이디(2016), 엠엘이디(2017), 플레시(2023 예정)	마이크로LED 디스플레이 개발
	스케이프테크놀러지(2020)	컴퓨터비전기반 3D지도 개발
	다운푸어(2021), 빅박스VR(2021)	VR 슈팅 게임 개발
MS	노키아(2013)	AR 광학계 개발
	모장(2014)	마인크래프트 개발
	알트스페이스VR(2018)	VR 게임 개발
	제니맥스(2020)	VR 게임 개발 및 오큘러스 승소한 회사
	뉘앙스(2021)	음성인식
구글	퀘스트비주얼(2014)	AR 소프트웨어 개발
	아이플루언스(2016)	시선추적 기술 개발
	아울캐미랩스 (2017)	VR 게임개발
	노스(2020)	AR 글라스 제조
애플	메타이오(2015)	AR 인터렉션 개발
	버바나(2017)	XR 기기 개발
	아코니아(2018)	AR 광학계 개발
	이모션트(2016)	얼굴표정인식 기술 개발
	페이스시프트(2015)	모션캡쳐
	보이시스(2020)	음성인식
	넥스트VR(2020), 스페이시스(2020)	VR 스트리밍 콘텐츠 개발

돈이 되는 메타버스

청난 노력을 기울이고 있다. 모두 메타버스의 플랫폼으로 진입할 때를 대비하기 위해서다. 모바일 패권을 가진 자들(구글과 애플)은 가진 자들대로 이 플랫폼을 더욱 공고히 하여 확장해나가고자 하고, PC 시대의 패권을 가져봤던 MS는 한번 놓쳐버린 기회를 다시 잡기 위해 노력하고 있다. 메타는 자신도 할 수 있을 것 같은 자신감에 메타버스 플랫폼에 도전하고 있는 듯하다.

그렇다면 세계적인 빅테크들이 이렇게 수년간 M&A에 몰두하며 전열을 다지고 있을 때 국내 기업들은 무엇을 하고 있었을까? LG는 모바일 사업을 접으며 전장 사업에 몰두하고 있으며, 삼성은 여러 이유로 중요한 결정을 하지 못한 채 약간의 지분투자 수준으로 네트워크만 유지하고 있는 것으로 보인다. 퀄컴 관계자는 스마트폰과 달리 XR 분야에서 소극적인 한국 기업의 활동에 대해 우려를 표했다. 국내 '자이언트스텝'이나 '위지웍스튜디오'와 같이 뛰어난 콘텐츠 제작 기업이 있는 것은, 그들이 스스로 자립할 수 있을 때까지 무수히 많은 콘텐츠 제작 기업에 국민의 세금으로 지원을 해준 결과이다. 이렇게 성장한 콘텐츠 기업들의 결과물이 지금처럼 해외 빅테크에서 만든 기기(오큘러스 퀘스트2, 홀로렌즈2 등)에서만 활용되는 것은 정말 아쉬운 일이다. 시장이 형성되기 전이라면 모를까, 한번 빼앗긴 패권은 되돌리기 쉽지 않다. 콘텐츠와 밸런스를 맞출 수 있도록 지금부터라도 XR 기기 분야 육성 지원을 해야 한다.

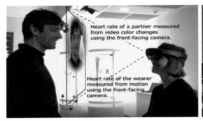

✦ [사진 10] MS의 심박수 측정 애플리케이션
* VRST '17, November 8-10, 2017, Gothenburg, Sweden, DOI: 10.1145/3139131.3139134 인용

　미래에 우리가 모두 XR 기기를 가지고 다닐 때를 상상하다가 문득 웹툰 「좋아하면 울리는」이 떠올랐다. 좋아하는 사람이 가까이 다가오면 알람이 울리는 애플리케이션을 소재로 한 것이다. 실제로 MS는 홀로렌즈1을 이용해서 전면 카메라에 잡히는 사람의 심박수 변화를 보는 애플리케이션을 개발하였다. 2021년 도쿄올림픽에서 카메라에 잡힌 양궁선수들의 모습만으로 심박수를 추정하는 기술이 소개된 바 있다. 아마 같은 기술일 것이다. 각박한 빅테크의 전쟁을 보면서 이처럼 조금 재미난 미래를 상상해보면 어떨까?

Money Moves To Metaverse

Part 2

메타버스는
어디에 쓰는 것인가?

많은 사람들이 메타버스를 외치고 있지만, 정작 그 자체가 구체적으로 어떻게 돈이 될지에 대해서는 답을 내놓지 못한다. 아무도 가보지 않은 길이기 때문일 테지만 다같이 안개 속에서 헤맬 필요는 없다. 미래의 방향에 대한 힌트를 100년 전 케인즈의 예언에서 찾아보면 어떨까?

경제학자 존 메이너드 케인즈John Maynard Keynes가 1931년에 발표한 저서 『설득의 에세이Essays in Persuasion』에는 「우리 손자들을 위한 경제적 가능성Economic Possibilities for Our Grandchildren」이라는 글이 실려 있다. 여기서 케인즈는 제1차 세계대전 이후의 경제 침체와 대공황의 시작에도 불구하고 미래 경제에 대한 낙관론을 펼쳤다. 케인즈는 2030년까지 생활 수준이 극적으로 높아질 것이라고 예상했으며, 궁핍에서 벗어난 사람들은 노동 효율이 높아짐에 따라 일주일에 15시간만 일하고 나머지 시간을 여가와 문화에 쓸 것이라고 예언했다. 그 후 77년이 지난 2008년에 두 명의 경제학자가 『리비지팅 케인즈Revisiting Keynes』를 출판했다. 이들은 케인스의 올바른 예측(이를테면 생활 수준의 향상)과 빗나간 예측(이를테면 근로 시간 단축 및 소비자 포만감)을 짚으며, 21세기의 세계 경제와 현대 생활 방식에 대한 도발적인 질문을 하기도 했다.

그러나 『리비지팅 케인즈』가 발간된 2008년 당시는 딥러닝이 가능한 AI가 주도하는 4차 산업혁명이 시작되지 않았던 시기이며, 스마트폰도 막 세상에 나온 시기였다. 즉, 스마트폰으로 이동하면서 일할 수 있는 세상이 오기 이전인 것이다. 우리는 AI의 발전에 의해 사회와 경제 변화가 가속화하는 시대에 살고 있다. 2021년을 기점으로 우리 사회는 주 4일 근무제의 적극적 도입을 공론화했다. 일본의 자민당도 2021년 4월 주 4일제 가이드라인을 발표하였고, 글로벌 기업 유니레버도 2020년 12월부터 주 4일제를 시범적으로 도입하였다. 스페인 또한 2020년 12월 기업에 주 4일 근무를 권고했으며, 아이슬랜드와 뉴질랜드 또한 국가 차원에서 주 4일 근무제를 채택하였다. 그렇다면 케인즈의 예언 중 근로 시간에 대한 부분도 이미 현실화되고 있는 것이 아닐까? 노동 시간의 단축이라는 현상은 일부 COVID-19에 의해 촉발된 것도 있다. 2021년 3/4분기 미국 노동 시장은 구직이 아닌 구인에 어려움을 겪었다. 정부의 실업급여 지급과 힘든 일에 대한 노동자들의 기피 경향에 의해서 항구의 선박은 하역을 못 하고, 하역된 짐도 전국 각지로 배송이 안 되는 일이 벌어지기도 했다. 이제 노동자들은 힘든 일보다는 편한 일과 짧은 근로 시간을 선호하며, 이런 변화와 함께 여가생활에 대한 관심은 높아지는 중이다.

이러한 추세를 케인즈의 노동 시간 감소 예언과 선진국(우리나라 포함)의 인구 고령화와 함께 고려한다면, 노동 시간은 절반(1/2)으로 줄고 노동 없이 살아가야 하는 기대수명은 2배로 늘어난다고 볼 수 있다. 늘어난 여가 시간을 위해 우리는 무엇을 해야 할까? 또 우리는 어떻게 노동 시간을 줄이고도 지금 수준의 생활을 영위할 수 있을까? 이 두 가지 질문에 대한 대답이 어쩌면 메타버스에 있는 것은 아닌지 지금부터 살펴보자.

메타에서는 2020년 COVID-19로 인한 사회적 거리 두기가 미치는 영향과 관련해 '연결된 편의성'이라는 주제로 연구를 진행했다.[*] 그 결과 중 흥미로운 부분

---

[*] 이 조사는 전 세계 18세 이상을 대상으로 2020년 5월부터 7월 사이에 이루어졌다. 다음 링크를 통해 그 내용을 확인할 수 있다. https://www.facebook.com/business/news/insights/connected-convenience-how-people-are-finding-and-fostering-togetherness-online#

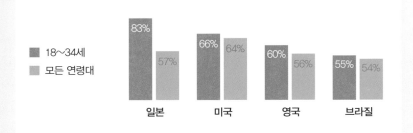

[그림 11] COVID-19 이후 소셜 네트워크를 통해 첫 전자상거래를 경험한 비율

■ 18~34세
■ 모든 연령대

83%
57%
일본

66%
64%
미국

60%
56%
영국

55%
54%
브라질

* 메타 보고서 「연결된 편의성」 인용

은 조사 대상자 중 53%가 단지 친구들과 함께 여가를 보내기 위해 무료 멀티 플레이어 모드 게임을 다운로드했고, 특히 18~24세의 72%가 이러한 경우에 해당한다는 점이다. 또한 연구 결과는 사람들이 라이브 이벤트의 관중이 되는 경험을 매우 그리워하며, 사람들 간의 물리적 상호작용이 사라진 상황에서는 개인적 친분이 없더라도 가상공간 내 사람들과 교류할 수 있는 게임 플랫폼 이용에 적극적이라는 것을 시사했다. 여기서 말하는 소셜 기능을 포함하는 게임 플랫폼이란 바로 메타버스 플랫폼으로 불리는 로블록스, 포트나이트, 마인크래프트 등이다.

한편, 해당 연구에서는 미국 내 원격의료 서비스를 이용한 사람들의 비율이 불과 1년 사이 300% 이상 증가했으며(2019년 11%에서 2020년 4월에 46%로), 전 세계 소셜 네트워크를 이용해 첫 전자상거래를 경험한 비율이 50%를 넘는다고 밝혔다. 특히 향후 경제활동의 중심이 될 18~34세의 경우는 60%가 넘는 경우도 많았다. 이렇게 온라인 비대면 경제활동에 한번 익숙해진 이들이 COVID-19가

돈이 되는 메타버스

[표 3] 재택근무를 도입한 국내외 기업과 그 형태

기업명	재택근무 형태
애플, 네이버, 넥슨 등	출근과 재택 병행 근무제
메타, 라인플러스	전일과 부분 재택근무 중 본인 선택
CJ, 야놀자, 한화생명 등	전사 자율 원격근무제
두산, 포스코, 현대차 그룹 등	본사 아닌 거점 오피스로 출근
직방	전일 재택근무, 메타버스 플랫폼 도입

끝나고 대면 활동이 증가한다고 해서 과거로 돌아갈 수 있을까?

또 하나의 팬데믹 키워드를 얘기해보자. 직장인에게 팬데믹 이후 생활과 관련된 최대 관심사는 재택근무일 것이다. 메타와 애플 등의 빅테크들은 COVID-19가 시작되고 전 직원 재택근무를 지시했고, 과반수 이상 국민이 백신을 접종한 미국 현지 상황에도 앞으로 계속 부분 재택근무가 가능한 하이브리드 근무 형태를 지향할 것을 시사하고 있다. 또한 국내 기업 직방과 네이버 자회사 라인플러스도 영구 재택근무제를 도입하였다. 2021년 10월 1일 글로벌 컨설팅 업체인 PwC도 영구 재택근무 혹은 원격근무를 실시하기로 했다. 이제는 집이 아닌 어디서든 근무가 가능하다는 얘기다. 이러한 변화는 팬데믹 환경에서 검증된 재택근무의 업무 효율성과 '일-가정의 균형'에 대한 경험을 포기할 수 없기 때문으로 생각된다.

Part 1에서 메타버스의 기원을 얘기하고 개념적 정의를 살펴보았지만, 모든 언어가 그러하듯이 정의와 상관없이 많은 사람들이 이해하는 바가 곧 그 진짜 정의가 될 것이다. 그렇다고 하더라도, 로블록스나 제페토와 같이 소셜과 게임에 기반을 둔 메타버스의 개념은 기존에 XR에서 제대로 정리가 되지 않았던 콘텐츠 분야를 서비스 입장에서 풍부하게 채워준다고 볼 수 있다. 사실 AR 글라스 개발 기업들이 AR 글라스의 킬러 애플리케이션 발굴에 실패하여, 정식 출시를 미루거나 일반 대중을 대상으로 출시하려던 것을 공공이나 B2B용으로 전환하는 일이 종종 있었다. 메타버스 콘텐츠 서비스의 대중화는 COVID-19가 종식되고 사람들이 컴퓨터 앞을 벗어나 밖으로 나갈 때에도 메타버스 콘텐츠가 지속적으로 소비되도록 XR 디바이스의 개발을 촉진할 것이다. 그와 함께 원활한 서비스를 위해 인프라(네트워크, 클라우드, 에지 서비스 등) 투자도 함께 이루어질 것이다. 한편 COVID-19에 의해 산업적으로 빠르게 자리 잡고 있는 XR 엔터프라이즈Enterprise, B2B 분야는 단편적인 XR 경험을 기존의 산업 플랫폼(오피스 소프트웨어, 화상회의 시스템, 공장 자동화 시스템 등)과 결합하여 메타버스 서비스로 확장하고 있다. 이렇듯 초창기 XR의 응용 분야가 길 찾기와 게임, 협업, 교육 수준에서 머물렀다면, 지금의 메타버스는 놀이문화, 공연, 커머스, 제조 현장, 자율주행까지 다양한 분야로 확대되어 그 가능성을 검증받고 있다. 이제 메타버스가 어떤 분야로 어떻게 확산될 것인지 살펴보자.

메타버스는
여가생활에 어떻게 활용될까?

앞에서 언급했듯이 줄어든 노동 시간의 공백을 메우기 위해 혹은 늘어난 은퇴 후 시간의 활용을 위해, 사람들의 여가 시간을 책임질 그 무언가가 필요하다. 이런 역할의 선봉에 서기 위한 전쟁은 이미 시작되었다. 넘쳐나는 여가 시간을 갖게 된 사람들을 더 많은 시간 동안 더 다양한 재미 요소로 붙잡아두기 위해 각 분야에서 플랫폼으로 진출하고 있다. 영화 콘텐츠를 중심으로 한 OTT 시장은 넷플릭스, 아마존, 디즈니+, 왓챠 등으로 재편되고 있으며, 국내 게임사들은 이제 전 세계를 무대로 나아가지 못하면 도태되는 분위기이다. 이러한 분위기 속에서 여가 시간을 잡기 위한 엔터테인먼트 산업이 어떻게 메타버스로 변화하고 있는지 소개하고자 한다.

지금 메타버스 플랫폼이라고 불리는 것 중 대표주자는 다음과 같다. 샌드박스형 게임에서 시작해서 소셜과 개인의 창작성을 가미한 로블록스, 반대로 소셜에서 시작해서 개인의 창작성을 덧붙이고 다시 캐주얼 게임을 결합한 제페토, 원래의 목적인 게임 대신 대화나 스포츠 중계 관람 등 사용자 간의 친목활동을 부각한 포트나이트의 파티로얄 등. 이들은 각각 시작점과 목적은 달랐으나, 사람들을 더 많이 더 오래 모아두겠다는 목표는 같다. 이 목표를 달성하기 위해 공통적으로 소셜을 기본으로 장착하고, 게임과 공연을 추가했다. 그렇다면 앞으로 생겨날 메타버스 플랫폼은 가장 쉽게 게임과 콘텐츠 분야에서 생각해볼 수 있다.

(1) 게임 분야

먼저 게임 분야를 보면, 펄어비스의 '도깨비'와 엔씨소프트의 '유니버스'가 메타버스라고 밝힌 서비스이다. 사실 도깨비의 경우는 아직 정식 게임이 서비스되지 않은 상태이므로 어떤 서비스를 지향하는지 정확히 알 수는 없다. 현재 알려진 바로는, 이용자가 자신의 아바타로 한국을 배경으로 한 현실에 가까운 가상세계에서 친구들과 놀다가 특정 컨디션이 되면 도깨비 캐릭터와 동료가 되어 함께 몬스터를 물리치는 설정이다. 자체 엔진으로 개발한 그래픽을 사용하는데, 재미있는 게임 요소들이 많아서 이용자 유입이 클 것으로 예상된다. 하지만 모바일 서비스가 지원되지 않는 상황에서 현실세계와 가상세계를 오가는 것이 아닌 가상세계 속 이중세계를 구현하고 있어 XR 기기와 결합된 메타버스 게임 플랫폼으로 발전할 수 있을지 귀추가 주목된다. 사실 게임은 메타버스가 아니어도 무조건 재미있으면 '진리'가 되기도 한다.

그 외 국내 게임사들도 메타버스 분야를 새로운 기회로 보며 비즈니스 모델을 구체화 중인 듯하다. 컴투스는 게임 개발 대신 VFX* 전문 기업 위즈윅스튜디오에 투자했고 IMC게임즈는 커뮤니티 사이트 디시인사이드와 2022년 2분기를 목표로 메타버스 플랫폼을 개발하고 있다. 게임회사였던 유티플러스는 2019년 출시한 샌드박스형 게임 디토랜드를 메타버스 플랫폼으로 성장시켜 지금은 전시공간 대여 및 교육용 가상공간 사업으로 확장하고 있다. 브이에이코퍼레이션은 VFX 자회사인 모팩을 중심으로, 'IP생산-2차 확장-배급-유통'을 아우르는 메타버스 관련 콘텐츠 제작 시스템을 구축하기위해 2021년 6월 경기도 하남에 아시아 최대 규모의 가상 스튜디오를 구축했다. 넥슨은 메타버스 플랫폼에 대한 언급은 없지만, 로블록스와 유사한 '프로젝트 MOD'와 '페이스플레이'를 테스트 중이다.

---

* VFX(Visual Effects): 영상에 특수효과를 주기 위한 모든 촬영 기법, 영상물을 통칭한다. 시각효과라고도 한다.

개인적으로는 크래프톤의 배틀그라운드가 XR 게임 및 메타버스 플랫폼으로 거듭나길 간절히 바라고 있다. 배틀그라운드는 이미 '파티 구성'을 위한 소셜적 요소를 갖추고 있다. 가상공간의 전장 대신 현실을 스캔한 XR형 전장을 배경으로한 배틀은 2020년 방영된 드라마 「알함브라 궁전의 추억」의 현실판이 될 듯하다. 이런 유형의 게임을 좋아하는 이의 입장에서는 흐뭇한 상상이 아닐 수 없다.

2021년 10월 이후부터 게임사들 사이에 게임 IP 블록체인화, NFT화에 붐이 일고 있는데, 이는 Part 1의 5장에서 언급한 것처럼 거래 투명성 측면에서는 필요한 일이다. 하지만 NFT를 위해서는 많은 리소스가 필요하여 친환경 방식과는 거리가 멀어진다. 이러한 NFT를 소유할 가치가 있는 것이 아니라면 굳이 환경을 파괴하면서까지 NFT화할 필요가 있을지 다시 한번 생각해봐야 할 것이다.

한편, 엔씨소프트의 유니버스는 게임적 요소를 버리고 온오프라인 팬덤 활동을 지원하는 K팝 플랫폼이다. 넷마블은 메타버스 분야를 또 다른 시각으로 바라보고 있다. 본격적인 메타버스 시대를 준비하기 위해 자회사 메타버스 엔터테인먼트를 설립하여 '메타휴먼'에 대한 상표등록까지 완료하고, 카카오엔터테인먼트와 함께 K팝 버추얼 아이돌 그룹을 준비하고 있다. 이와 같이 출발점은 같은 게임 제작사라 할지라도 각기 다른 방향으로 메타버스를 고민하고 있다. 이제 시작인 메타버스가 과연 어떤 방향으로 진화하게 될지, 또 우리나라에서도 모바일 시대의 메타(페이스북) 같은 메타버스 기업이

나올 수 있을지 기대하며 지켜보자.

(2) 엔터테인먼트 분야

메타버스 관련 엔터테인먼트 분야는 유독 우리나라가 앞서 나가
고 있다. 강력한 콘텐츠의 힘이라고 생각된다. 2020년 이래로 한국
드라마와 영화는 넷플릭스라는 OTT 플랫폼을 등에 업고 전 세계로
빠르게 확산되고 있다. 엔터테인먼트는 드라마, 영화와 같은 동영상
외에도 웹툰, 웹소설 형태의 콘텐츠 분야와 K팝 공연, 음반, 미술
전시 등으로 정리할 수 있다. 국내 대표적 기업들의 전략을 보면서
엔터테인먼트 분야 메타버스의 방향성을 예측해볼 수 있을 것이다.
K팝을 대표하는 BTS의 팬덤을 이용한 위버스 플랫폼을 중심으로
웹툰과 게임 분야로 확장하는 하이브, 웹툰과 제페토 플랫폼을 이용
한 확장이 예상되는 네이버, 역시 웹툰과 드라마를 이용하려는 카카
오가 그 예이다. 이들은 메타버스 분야의 무기가 K팝과 K콘텐츠(영
화, 드라마, 웹툰 등)가 될 수 있음을 알고 있으며, 메타버스 엔터테인먼
트 플랫폼을 K팝과 K콘텐츠를 생산·판매·교류할 수 있는 공간으로
확대하려고 시도하고 있다. 그 과정에서 협력과 인수합병 등 활발한
합종연횡이 예상된다.
하이브는 네이버의 공연중계 플랫폼 V 라이브를 이용한 2019년

6월 웸블리 BTS 공연의 성공적 글로벌 중계를 경험하고, 자체 플랫폼 위버스와 네이버 V 라이브를 2022년까지 통합하기로 했다. 하이브에서 그리는 메타버스 엔터테인먼트 플랫폼은 팬덤과 커뮤니티, 지속적인 K팝 콘텐츠 공급에 기반한 구독 경제의 통합을 시작으로, MZ세대들이 지속적으로 소비하는 엔터테인먼트 전 분야로 확장해 갈 것으로 보인다. 팬 커뮤니티, 아이템 판매 공간 등을 통해 창작자가 직접적인 수익을 얻어가는 메타버스 플랫폼에는 창작자가 더 많이 모여들어 양질의 콘텐츠가 끊임없이 나오게 될 것이다. 또 이를 이용하기 위해 더 많은 사용자가 몰리면서 창작자의 수익이 커지는 선순환 구조가 만들어질 것이다. 이런 플랫폼에서 생성되는 콘텐츠는 NFT로 보호받고, 그에 대한 수익은 온전히 창작자의 몫이 될 수 있도록 해야 한다.

하지만 NFT는 거래의 투명성과 원본의 진본성을 말해주지만 애초에 콘텐츠를 생성한 저작자의 저작권은 지켜주지 못한다. 이런 맹점을 보여주는 대표적인 사례가 2021년 6월 마케팅 회사인 워너비인터내셔널이 이중섭 〈황소〉, 박수근 〈두 아이와 두 엄마〉, 김환기 〈전면점화-무제〉의 디지털 예술품에 대해 NFT 자산으로 온라인 경매를 준비한 건이다. 회사는 각 작품 소장자의 동의하에 디지털로 전환한 이미지를 판매하고, 디지털 작품이 판매되면 소장자가 로열티를 지급받는 방식으로 설명했다. 그러나 작품의 저작권과 소유권은 다르다. 예를 들면 김환기 화백의 모든 작품 저작권은 환기재

단에 있으며 작품을 소유하고 있어도 이를 상업용으로 이용할 때는 저작권자의 동의를 받아야 한다. 이런 부분이 고려되지 않았던 해당 건은 일장춘몽으로 하루 만에 해프닝으로 중단되었지만, 그에 대한 위험성은 여전히 존재하고 있으므로 우리는 이러한 맹점을 정확히 이해하고 있어야 한다.

네이버는 B2B와 B2C 관점의 메타버스 플랫폼을 분리하여 추진하고 있다. 이를 위해 정부 주도 관련 단체인 '메타버스 얼라이언스' 대신에 민간 주도 사업자 단체 '한국메타버스산업협회(K-META, 2021년 11월 9일 출범)'에 카카오게임즈와 함께 합류했다. 먼저 네이버는 제페토 플랫폼을 중심으로 메타버스 계열사를 확장하는 B2C 전략을 펴고 있다. 이용자 수 2.4억 명의 제페토 플랫폼에서 웹툰 IP를 활용하여 정기 구독 상품 수익 모델을 선보이려고 하고 있으며, 라인과 공동 개발 중인 초거대 AI '하이퍼 클로바'를 제페토에 접목시켜 서비스를 차별화하고 있다. 네이버제트(제페토)는 2021년 11월 국내 엔터테인먼트사들의 투자를 받는 한편, 게임 개발사 슈퍼캣과 잽ZEP이라는 조인트벤처를 설립하여 본격적인 메타버스 시장 공략에 나섰다. 아직 특정 엔터사에 인수되지 않은 가상 아이돌 혹은 디지털 휴먼 분야의 사업이 엔터테인먼트를 중심으로 빠르게 성장 중인 스타트업도 눈여겨볼 만하다.

네이버는 2021년 11월 네이버 개발자 컨퍼런스 데뷰DEVIEW 2021

에서 공개한 '아크버스'를 중심으로 B2B 사업을 추진하고 있다. 아크버스는 네이버 자회사인 네이버랩스에서 5년간 집중해온 기술 분야의 집합체이며, 현실세계와 디지털세계를 자연스럽게 연결하는 것을 목표로 하고 있다. 아크버스는 현실세계와 가상세계를 창조하는 디지털트윈 기술과 두 세계를 연결하는 AI, 로봇, 클라우드 기술들로 구성되어 있으며, 이들을 이용한 다양한 서비스를 발굴하고 있다. 디지털트윈의 정밀한 3차원 매핑Mapping을 구현하기 위해 항공사진과 이동지도제작시스템MMS 데이터를 결합한 네이버랩스의 솔루션인 '얼라이크'를 활용했다.

한편 카카오는 카카오페이지를 제외하면 거의 국내 생태계에 의존하고 있다. 그런 만큼 더욱 현재의 국내 사용자를 늘리고 해외 사용자를 끌어모을 수 있는 메타버스 플랫폼으로의 확장이 절실한 것 같다. 카카오는 기존 사업 중 게임 관련 계열사 넵튠을 중심으로 메타버스 생태계를 확장하고 있다. 디지털 휴먼 '수아'를 개발한 '온마인드' 및 VR 콘텐츠 개발사 '맘모식스' 인수, 모바일 가상 플랫폼 개발사 '퍼피레드' 및 디지털 아이돌 '딥스튜디오'와 '펄스나인' 지분투자 등이 그 예이다. 카카오 VX는 스포츠 중심으로 사람들의 일상에 스며들고 있다. 카카오엔터테인먼트는 넷마블 자회사 '메타버스 엔터'를 통한 가상 아이돌 발굴에 힘을 쏟는 중이다. 동시에 공격적으로 연예인들을 영입하여 엔씨소프트의 유니버스 플랫폼에 소속

돈이 되는 메타버스

[표 4] 카카오 계열사들의 서비스와 변화 방향

카카오계열사	변화 방향	서비스	통합 콘텐츠 플랫폼
카카오 VX	현실세계 사업들을 지속적으로 디지털화	버추얼 스포츠, 스크린 골프 및 스마트 홈트레이닝	버추얼 스포츠, 이스포츠, 스트리밍, 게임, 스토리 콘텐츠, 디지털 셀럽, 소셜 서비스
넵튠			
카카오 엔터테인먼트		디지털휴먼 '수아'	
카카오페이지	현실의 상품을 가상공간에서 거래	웹툰 – 웹소설 – 드라마/영화 – 게임	
카카오모빌리티		AR 게임 및 소셜 애플리케이션 개발	

아티스트들과 중소 기획사 가수들의 자체 뮤직비디오와 화보를 올리기도 하고, 예능 프로그램을 자체 제작하여 공개하고 있다. 또한 2022년까지 넷마블로부터 넷마블 세계관을 반영한 웹소설과 웹툰 12종을 공급받아 카카오엔터테인먼트를 통하여 전 세계 확산시키면서 '게임-웹툰-웹소설'의 IP라인업을 구축하려는 노력을 하고 있다.

카카오는 콘텐츠 역량이 풍부한 웹소설이나 웹툰에 기반하여 드라마, 영화, 게임을 제작하는 원 소스 멀티 유즈One source-Multi use 전략을 아주 효과적으로 활용할 수 있다. 이것이 모두 연결된 하나의 플랫폼이라면, 현실을 반영할 수 있는 카카오모빌리티의 지형지물 데이터와 3D 모델로 곧바로 게임의 XR 적용이 가능하다. 이처럼 카카오는 아직 메타버스라는 단어를 사용하지 않았을 뿐, 그 자회사들을 모두 하나의 플랫폼으로 엮을 준비를 이미 해왔다.

끝으로 조금 다른 형태의 엔터테인먼트 플랫폼도 소개한다. 게임과 같은 가상공간은 컴퓨터나 스마트폰 속에만 존재한다. 그런데 실제 존재하는 지형물에 맞는 가상 콘텐츠를 덧입혀서 가상공간을 생성하는 방식으로 공간을 플랫폼화하려는 시도가 생겨나고 있다. 이런 시도는 2014년 경 VR 기기인 오큘러스 및 바이브를 이용하는 VR 게임에서 시작했다. 이는 '실제 공간 3D 스캐닝-3D 가상공간화-최적화된 3D 콘텐츠 생성-최종 3D 가상공간 재구성-VR 기기에 콘텐츠 표현'의 순서로 이루어진다. VR 기기가 없더라도 마지막 순서에 현실공간에 가상콘텐츠를 투영할 수 있는 프로젝터를 이용하면, 저비용으로 시각적 몰입감을 높이고 원래 공간을 새로운 공간으로 창출하는 일이 가능하다. 여기에 다수 이용자의 제스처를 인식하고 실시간 피드백(혹은 인터렉션)이 가능한 위치 기반 게임 콘텐츠를 제공하는 기업들이 생겨나면서, 일부는 가상 체험의 공간 플랫폼으로 성장하려는 움직임도 보인다. 스크린골프에서 시작한 골프존, 카카오 VX와 뉴토 등이 대표적 예이며, 이런 기술의 특성은 인테리어를 위한 비용과 시간이 필요 없다는 점이다. 폐쇄된 공간에 사람들이 모여야 한다는 특성 때문에 COVID-19 이후 비즈니스가 주춤한 상태이지만, 가까운 미래에는 우리나라의 가상콘텐츠 역량을 바탕으로 전 세계를 누비는 메타버스 공간 엔터테인먼트 플랫폼으로 성장하지 않을까 기대해본다.

메타버스는 e커머스를
어떻게 변화시킬까?

　메타버스 플랫폼과 관련해서 엔터테인먼트 다음으로 기대되는 분야는 e커머스다. 메타버스 놀이터에서 친구들과 마음껏 갖고 놀던 굿즈를 실물에서도 소유하고 싶은 충동은 실물 경제 e커머스로 연결될 것이다. 그런데 이것이 메타버스 커머스의 전부일까? 메타버스 커머스는 지금의 e커머스와 무엇이 다를까?

　상상력을 발휘해서 가까운 미래의 모습을 그려보자.

　그때는 아마 가상세계에서 디지털로 된 옷을 먼저 입어본 다음 구매를 결정하고 현실세계로 배송시킬 것이다. 여기에서 생겨나는 생태계는 기존 e커머스와는 사뭇 다를 수 있다. 이때 디자이너는 어쩌면 기존 의상 디자인을 전공한 사람이 아니라 컴퓨터 그래픽에 능숙한 십 대일 수도 있다. 또 전 세계를 무대로 팔리는 의상과 모자 등 제페토의 밀리언셀러 아이템의 디자인 저작권자들이 기존 의류 브랜드와 컬래버레이션을 진행할 것이다. 그렇게 만들어진 실물 제품의 판매 창구는 또다시 제페토가 될 수 있다. 이를테면, [사진 11] 처럼 나란히 가상 아이템과 실물을 함께 팔고, 가상 아이템을 구매한 사람들에게 타겟 광고로 실물 제품 판매 사이트의 링크를 보낼 수도 있을 것이다. 이런 일차원적인 마케팅은 얼마든지 가능하다. 이미 타겟층은 해당 제품에 대한 선호도가 검증되었으므로 광고의 효율성은 훨씬 증가할 것이다. 고객층의 (금전적) 구매력 유무는 고객 정보로 획득 가능할 것으로 보인다.

ZEPETO

💎**60**

2,500,000원

✦ [사진 11] 제페토 내 구찌 아이템과 실제 상품

이 시나리오에서 우리가 기대할 수 있는 변화는 전문 디자인의 진입장벽이 낮아진다는 것이다. 물론 아바타의 정형화된 옷 양식을 실제 사람이 입을 수 있도록 수정해야 하므로 전문 디자이너의 손길이 필요한 부분도 있겠지만, 핵심적인 디자인은 십 대들이 자신들의 눈높이에 맞게 자유롭게 표현하게 되지 않을까 한다. 프랑스 파리와 이탈리아 밀라노 중심의 패션 시장이 우리나라와 같은 IT 강국을 중심으로 재편되는 장밋빛 미래를 상상해볼 수 있다.

다음으로는 아바타로 가상 아이템을 어느 정도 경험하면 실물 구매자의 반품율이 현격히 줄어들 것이라는 예상을 할 수 있다. 그러면 기존 e커머스 시장에 지각변동이 일어날지도 모른다. 2019년 《파이낸셜 타임스Financial Times》에서 발표한 오프라인 구매 대비 온라인 구매 반품율은 3배에 달한다. 그리고 온라인 구매는 1인가구의 비율이 현격히 높다. 가구 구성의 변화는 전 세계적인 추세이며 온라인 구매 증가세도 COVID-19 팬데믹을 기점으로 폭발적으로 늘어났다. 이러한 추세는 역행하지 않을 것으로 보이나 반품율이 발목을 잡고 있다. 메타버스 커머스가 이 문제를 해소한다면, 적어도 가상세계로 호환 가능한 실물 경제와 관련해서는 대량 구매와 물류를 기반으로 한 e커머스의 생태계가 바뀔 수도 있을 것이다.

메타버스 커머스 플랫폼 관련 지식이 있다면 그런 기술들을 보유한 회사에 투자하거나 그런 기술을 추구하는 스타트업을 창업해도 좋을 것이다. 메타버스는 이제 시작이기 때문이다.

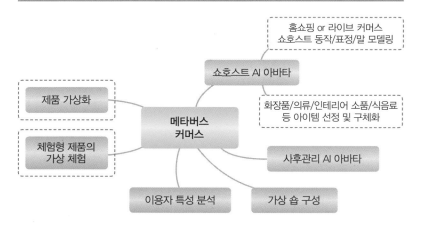

[그림 12] 메타버스 커머스 플랫폼에 필요한 기술 혹은 구성 요소

홈쇼핑 or 라이브 커머스
쇼호스트 동작/표정/말 모델링

쇼호스트 AI 아바타

제품 가상화

메타버스
커머스

체험형 제품의
가상 체험

화장품/의류/인테리어 소품/식음료
등 아이템 선정 및 구체화

사후관리 AI 아바타

이용자 특성 분석

가상 숍 구성

그럼 메타버스 커머스 플랫폼에 어떤 기술이 필요한지 살펴보자.

(1) 제품 가상화

제품 가상화란 '가상세계와 호환 가능한 실물세계'에서 실물을 디지털화해주는 기술이다. 간단한 사진 촬영 몇 번으로 CAD로 그린 듯 정교한 3D를 생성해 가상공간에서 실제처럼 경험할 수 있도록 해준다. 이런 기술을 지닌 대표적인 회사로는 2017년에 설립된 이스라엘의 레스트AR(2020년 12월 유니티에 인수되었다), 2019년에 설립된

국내 기업으로 플리카PlicAR 서비스를 하고 있는 리콘랩스가 있다. 두 회사 모두 1분 내외의 동영상 촬영 후 자사 클라우드로 업로드 하면 3D 모델을 생성해주고, 이를 원하는 플랫폼(e커머스 웹, 메타버스 플랫폼 등)에 추가해주는 서비스를 제공한다.

레스트AR은 홈페이지에서 3D AR 모델로 변환 가능한 제품군을 소개하고 있다. 이는 AI로 학습되어 3D 모델링이 가능한 제품들로 개발 난이도 대비 온라인 판매가 활발한 신발, 가방, 모자, 지갑, 음식, 장난감, 가구 등으로 한정된다.

리콘랩스는 원래 VR 콘텐츠 기업이었다. 하지만 COVID-19 팬데믹으로 사업모델을 변경해야 하는 위기에 직면하여, 2020년 말부터 8개월 동안 공을 들여 성공적으로 피보팅pivoting했다. 리콘랩스는

2021년 6월 플리카 베타 서비스 단계에서 네이버, 카카오벤처스 등으로부터 5억 원의 투자금을 유치했다. 기존 방식은 사진 촬영을 하고 그 데이터를 기반으로 3D 모델을 만드는 과정에 비용과 시간이 많이 드는 단점이 있었지만, 그 뒤 비교적 저렴한 비용에 한두 시간의 수고로움을 들여 끝낼 수 있는 솔루션을 개발했기 때문이다. 이러한 제품 가상화 솔루션은 더 많은 제품이 가상세계로 쉽게 진입할 수 있도록 돕는 한편, 메타버스 커머스 혹은 XR 커머스의 저변을 확대시키는 효과가 있을 것이다.

(2) 가상 피팅

온라인 스토어에 3D로 잘 모델링된 제품이 올라와 있더라도 이 제품이 나에게 어울리는지, 실물 크기가 우리 집 안에서 어느 정도의 부피감으로 느껴질지 알기는 어렵다. 이를 제대로 알기 위해서는 가구나 음식 등의 경우 실공간에 대한 정보를 스캐닝하여 그 위에 잘 위치시키는 기술이 필요하다. 또 액세서리나 신발, 모자 등은 사람의 신체를 잘 인식하고 그 위에 자연 조명에 어울리는 컬러로 변형하여 피팅fitting시키는 기술이 필요하다. 이런 가상 피팅을 경험할 수 있도록 도와주는 기술들은 실시간으로 카메라로 촬영되는 장면과 이용자의 신체 부위를 인식한다. 그리고 해당 부위에 맞게 재구성된 인체 3D 모델과 피팅할 가상물체의 3D 모델을 실시간으로 재구성(크기, 보여지는 각도, 색상 및 질감, 빛 방향 등)하여 해당 신체 위치에 정확하게 피팅되는 것처럼 보여준다.

이런 기술들은 스마트폰 셀카에서 인식된 얼굴 주변을 꾸며주는 애플리케이션 '스노우'를 생각하면 쉽게 이해할 수 있다. 스노우처럼 조금은 유치한 가발, 토끼 귀 등을 우리 얼굴에 자연스럽게 어울리도록 실시간으로 표시하고 사진을 촬영하게 해주는 것이 바로 가상 피팅의 가장 단순한 모습이다. 다만, 가발이나 토끼 귀가 아니라 실제 판매되고 있는 신발, 선글라스, 화장품 등으로 바꿔주는 것뿐이다.

사실 포켓몬 고도 위치를 카메라와 GPS로 찾아서 몬스터를 보여주는 방식이었는데, 몬스터 그래픽과 실제 촬영된 영상이 너무 동떨어진 느낌을 주다 보니 자연스레 사람들이 흥미를 잃게 되었다. 포켓몬 고와 스노우 이후 많은 기업들이 AR 제품 경험을 만들기 위해 노력해왔고 서비스도 출시했으나, 현장감이나 사실감이 기대 수준에 미치지 못하여 관심에서는 멀어져 있었다. 그러다 COVID-19로 인한 비대면 수요가 폭발적으로 증가하면서 오프라인 경험을 원하는 고객도 함께 증가하였고, 이전에는 단순 호기심에서 경험해보던 사람들이 실제 구매까지 하게 되었다.

각 기업의 기술력이나 경쟁력 비교는 관심 있는 분들의 몫으로 남기며,* 현재 해당 분야의 기술적 이슈를 간단히 소개한다. 첫째는 '얼마나 실시간으로 얼굴이나 3D 객체, 공간을 추적하는가'이다. 둘째는 '3D 가상 물체를 얼마나 자연스럽게 얼굴이나 공간에 표현(랜더링)하는가'이다.

첫 번째 질문은 롯데면세점의 선글라스 매핑과 파라버스 서비스의 선글라스 가상 피팅 등에서 조명의 반사광 표현 유무로 판단할 수 있다. 이것은 생성된 3D 가상물체에 빛의 생명을 불어넣는 레이 트레이싱Ray Tracing 기술을 추가하면 해결된다. 두 번째 질문은, 얼굴 윤곽 3D 추적 기술과 네일아트용 손톱 및 손가락의 3D 벡터 위치 추적 기술을 구현하는 로로잼에서 답을 가늠해볼 수 있다. 한번 찾아낸 객체를 놓치지 않고 실시간으로 추적할 수 있느냐는 기술 노하우와 최적화의 문제이다. 이 기술들이 모바일에서 얼마나 실시간으로 자연스럽게 보일지가 각 기업의 기술력이며, 소비자가 평가하는 경쟁력이 될 것이다.

---

* 이런 비교나 투자나 관련 서비스를 구상을 위해서는 이 장의 더 알아보기에 실린 [표 5]를 참고하자.

돈이 되는 메타버스

(3) 이용자 특성 분석

이용 고객이 어떤 상품을 골라서 가상 피팅을 해보는지 안다면 그들의 대략적인 취향을 파악할 수 있다. 물론 그걸 구매할 수 있는 금전적 능력이 있는지, 그 디자인이 어울릴지는 그다음 단계의 얘기다. 취향으로 걸러진 제품군과 이용자 얼굴과 체형 등에 대한 정보를 바탕으로 이용자 특성 분석을 하면, 지금의 연관 제품 카테고리 추천이 아닌 유튜버 스타일리스트 '옆집언니 최실장'과 같은 전문 추천 서비스가 가능해질 것이다.

(4) 사후관리 AI 아바타와 쇼호스트 AI 아바타

메타버스 커머스 관련 AI 아바타(혹은 디지털 휴먼)는 주요 기능과 구현 방법이 다르기 때문에 두 종류로 구분할 수 있다.

사후관리 AI는 우리가 이미 접하고 있다. 반품·고장·불량 접수 분야의 챗봇(온라인) 서비스 혹은 보이스봇(전화) 서비스가 그것이다. 아직은 한정된 대답만 하는 챗봇이나 키오스크 음성 인식 기반 보이스봇이 대부분이지만 발전 방향은 명확하다. 기업들이 사후관리와 관련하여 디지털 휴먼에게로 눈을 돌린 이유는 무엇일까? 그건 아마 강화된 AI 대화 엔진 도입이 가능해졌기 때문일 것이다. 하지만 더 큰 이유는 가상 캐릭터일지라도 얼굴을 보여주는 대면 서비스가 고객의 짜증을 잠재우는 데 더 효과를 발휘하기 때문이다. 사람들은 디지털 휴먼이 좀 더 정확한 정보를 제공한다고 믿으며, 디지털 휴먼의 표정과 몸짓에서 더 친밀감을 느낀다.

쇼호스트 AI 아바타는 사후관리 AI 아바타에 비해서 훨씬 높은 신뢰도를 요구한다. 사람들은 홈쇼핑의 쇼호스트, 인스타그램과 유튜브의 인플루언서들이 '내돈내산(내 돈으로 사서 써본 제품 후기)'을 증명하며 어느 정도 신뢰를 쌓을 때까지 물건 구매에 적극적이지 않다. 이것은 광고주도 마찬가지이다. 그러다 보니 쇼호스트 AI 아바타는 일반적인 제품 광고모델 아바타와는 또 다른 기술이 요구될 수도 있다. 즉, 이미 사람들에게 얼굴이 알려지고 신뢰의 아이콘이 된 실존 인물을 3D 가상화하고 디지털화하는 기술이다.

이런 기술의 실례는 2020년 엔비디아 개발자 컨퍼런스 GTC2020에서 찾아볼 수 있다. 이때 젠슨 황 CEO의 기조연설 영상 중 약 17초간 가상화된 젠슨 황이 등장했다. 엔비디아는 아직도 어느 구간이 가상화된 젠슨 황인지 공개하지 않고 있다. 현재 국내의 실존 인물 가상화 기술은 엔비디아처럼 유려하지 않다. 이 분야에 도전하고 있는 대표적인 우리 기업은 '마인즈랩'과 '딥브레인 AI(구 머니브레인)'이다. 두 회사의 주요 사업은 유사하다. 먼저 아나운서 혹은 유명 학원 강사, 인플루언서 같은 인물을 대상으로 목소리와 표정, 얼굴, 몸짓 등 전신을 가상화한다(각각 기능별 AI 엔진화 및 통합). 그리고 3D 모델링된 그들의 아바타로 키오스크 안내나 기획전시, 이벤트 소개를 위한 아바타 대여 사업을 하는 것이다. 이 부분이 좀 더 고도화된다면 방송인, 연예인, 인플루언서 등은 자신들의 아바타를 이용한 사업을 할 수 있을 것이다.

(5) 가상 숍 구성

개인적인 의견이지만, XR 기반 온라인 커머스의 필수 기술(혹은 구성 요소)은 앞서 말한 제품 가상화, 가상 피팅, 이용자 특성 분석이라고 생각한다. 이런 기술이 더 발전해야 더 많은 이용자에게 호응을 받고 매출로 연결될 것이다. 사후관리 AI 아바타와 쇼호스트 AI 아바타는 인건비와 비용을 절감해주는 효과가 있으므로 e커머스를 영위하는 기업이라면 꼭 필요로 할 것이다. 다만 가상 전시관과 같은 기술이 적용되는 이 가상 숍은 그 필요성에 대해 의문을 가질 수 있다.

이 의문은 전문매장과 백화점의 차이를 생각하면 금방 풀릴 것이다. 고객이 제품을 전문매장에 방문해서 구입하면 예정에 없던 소비가 일어나기 쉽지 않다. 하지만 백화점에 가면 A 브랜드에서 구입할 생각이었더라도 주변의 B 브랜드 매장에서 행사를 크게 하면 결정을 바꿀 수 있다. 또 전혀 계획에 없던 것을 사들고 집에 가기도 한다. 이와 같은 효과를 온라인에서 누리기 위해 e커머스 업체들은 모든 고객들에게 동시에 노출되는 이벤트 배너, 팝업 광고를 건다. 하지만 우리는 방문한 사이트에서 이런 광고가 뜨면 보통 '오늘 다시 보기 않기'를 누르게 마련이다.

그러나 만약 그 사이트의 첫 화면이 백화점 로비 같다면 어떨까? 일부는 층별 배치를 보고 타겟 매장으로 직행하기도 할 것이다. 하지만 대부분의 사람은 타겟 매장으로 향하는 동선을 따라 평소 관심 있던 매장, 제품을 살펴보고 혹시 모를 새 제품이나 이벤트를 찾아 두리번거리게 될 것이다. 이런 기술은 굳이 3D가 아니고 2D여도 상관없다. 게더타운처럼 2D 형태로 공간 구성을 제시함으로써 각 구역마다 어떤 매장이 있는지 한눈에 보여주기만 해도, 이용자는 원래 가고자 했던 매장으로 향하며 '평소 관심 있는 브랜드 매장'을 지나가게 될 수 있다. 이때 이용자의 아바타가 가까이 오면 해당 매장의 정보, 신상품, 이벤트 등을 노출해서 백화점 가판대 혹은 전단지의 효과를 가상공간에서 누려볼 수 있을 것이다. 또한 아바타가 지나가는 경로에 노출되는 매장들은 이용자가 최근 검색한 키워드 혹은 과거 방문한 브랜드에 의해 선별될 것이다.

다음 [사진 13]에서 보여주는 두 광고는 소비자의 관심을 끌기 위해 모델들을 이용했다는 공통점이 있다. 하지만 모델들은 실존 연예인과 가상의 아바타로 서로 다르다. 앞으로 제페토의 아바타가 네이버를 벗어난다면, 24시간 광고 콘텐츠 제작이 가능한 시기가 오

✦ [사진 13] 메타버스 커머스 시대를 위한 광고 모델의 새로운 시도

지 않을까? 앞으로는 자는 동안 내 자본 소득이 늘어나는 것 외에도 내 부캐가 임금 소득을 벌게 될지도 모른다.

더 알아보기

[표 5] 가상 피팅 서비스를 제공하는 기업과 서비스 내용

기업	서비스 이름	제공 서비스	기타
이케아	플레이스 (Place)	이케아 판매 제품들의 집 안 AR 가상 배치를 통해 반품율 낮은 제품 구매 독려	https://youtu.be/ r0ViFTEb8aQ
인스타그램	가상 피팅 (Try it On)	'인스타그램 쇼핑' 서비스에 AR 가상 피팅 기능 추가	제한적 서비스 제공
구찌	구찌 앱 (Gucci App)	구찌 에이스 스니커즈 가상 시착 및 사진 SNS 공유	스타트업 '워너비 (Wannaby)' 와 협업
쇼피파이	AR퀵룩 (AR Quick Look)	실물 사진을 촬영하여 AR 카탈로그 제작 서비스 제공, 구매자는 3D 제품을 시각적으로 확인	AR 카탈로그로 제품 경험 후 구매 전환율 최대 250% 증가 확인
딥픽셀	스타일AR (Style AR)	온라인 거래 플랫폼에서 스마트폰 카메라를 이용한 4종의 AR 가상 피팅 서비스 제공(네일아트, 귀걸이, 안경, 반지)	• 카페24 등 온라인 상거래 플랫폼에 파트너사로 등록 • https://www. stylear.ai • http://www. deepixel.xyz
로로잼	로로잼 (Lolozem)	주얼리 가상 피팅에서 시작, 3D 물체 및 위치 인식 기술을 이용하여, 인테리어, 옷, 안경, 주얼리 등 가상 피팅 서비스 제공	http://lologem.com
롯데홈쇼핑	리얼피팅 (Real Fitting)	가상 착용이 가능한 아이템들(안경, 모자, 목걸이, 시계, 반지)에 대해 애플리케이션에서 피팅 경험 제공	

돈이 되는 메타버스

시어스랩	AR 기어 (AR Gear)	• 구글 AR코어, 애플 AR키트와 같은 AR SDK, 글로벌 1억 8000 애플리케이션에 탑재 • 실제 신체 사진 데이터를 찍어 XR 쇼핑을 실현할 수 있는 솔루션 • 페이스북, 인스타그램, 틱톡에 AR 콘텐츠 공급, 디즈니, 픽사, SM엔터테인먼트 등 100여 곳의 AR 콘텐츠 제작/판권 보유	2015년 세계 최초 얼굴 인식 AR 카메라 애플리케이션 롤리캠 서비스(스노우와 유사) 개발
이매지니어스	파라버스 (Paraverse)	안경, 가구, 가전제품, 자동차, 인체 모형 등 가상 및 실사 기반 3D 콘텐츠를 촬영 공간 및 물체에 맞게 가상 피팅해주는 3D 가상 피팅 플랫폼	https://youtu.be/VnRD4Dlgkiw
인터라인	피팅몬스터 (Fitting Moster)	안경 및 선글라스 가상 피팅 애플리케이션 개발	
이스트소프트	롯데면세점 AR트라이온 (AR Tryon)	면세점 애플리케이션에서 안경 및 선글라스 가상 피팅 서비스 제공	AI·AR

메타버스가 바꾸는
교육 현장은 어떤 모습일까?

메타버스 플랫폼으로의 성장이 기대되는 분야는 그들의 고충점pain point들을 메타버스가 추구하는 현실과 가상의 융합으로 일부 혹은 전부 해소할 수 있다는 특징이 있다. 특히 교육 분야는 COVID-19 팬데믹과 같은 상황에서 필요한 비대면 교육이 아니더라도 그 장점이 명확하다.

책 속의 사진과 글자로 존재하는 지식처럼 시공간 제약의 한계를 갖는 교육 콘텐츠는 메타버스 플랫폼을 만나 생동감 있는 XR 콘텐츠로 재탄생할 수 있다. 그러면 인물이 살아 움직이는 모습과 역사적 사건의 흐름을 눈으로 볼 수 있으며, 우주나 바닷속 생태계를

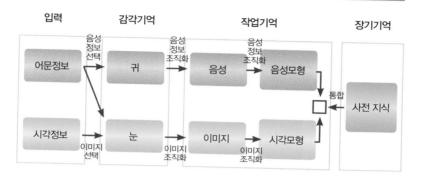

[그림 13] 기억 저장의 3단계

입력 감각기억 작업기억 장기기억

손으로 만지고 입체적으로 볼 수 있게 된다. 또한 학교 실험실이 갖 춰지지 않은 집에서도 각종 물리현상과 화학반응을 물리엔진과 3D 그래픽의 결합을 통해 사실적인 실험 결과로 확인할 수 있다. 이러 한 학습은 학원이나 학교의 선생님이 일방적으로 지식을 전달하는 기존 방식의 수업보다 학습 효과 면에서도 우수하다는 연구결과가 있다. 다중감각multi-sesnory 자극을 통하여 정보가 전달되기 때문이 다. 이 경우 단기기억에서 입력되는 정보들이 서로 연결되어 장기표 상을 더 쉽게 형성하고 통합되어 장기기억으로 저장된다. 이런 다중 감각은 인지부하cognitive load[*]를 감소시키는 효과가 있다.

---

[*] 인지부하는 특정 학습이나 과제 해결 과정에서 발생하는 인지적 요구량을 말한다.

또한 메타버스 플랫폼의 아바타를 이용해서 역할극도 가능할 것이다. 이를 통해 학습한 내용을 다른 사람에게 요약해서 전달하는 역할을 해볼 수 있으며, 언어 학습의 경우 언제든지 상대방과 원하는 장소와 환경을 설정하여 대화를 하는 실전 시뮬레이션이 가능하다. 이렇게 하면 훨씬 장기적인 기억을 형성할 수 있다. 이런 행동은 장기기억의 형태 중 사실기억*의 하나인 '경험에 의한 일화기억'에 속하게 되는데, 일화기억은 거의 망각되지 않고 오래 기억된다는 특성이 있다. 연기자 혹은 연기를 잘하는 사람이 언어를 더 빨리 배우는 것도 이 때문이다. 참고로 경험과 상관없는 지식적 의미기억도 있는데, 우리가 지금과 같은 방식으로 학습하는 내용이 대부분 여기에 저장된다.

　이런 식으로 메타버스 교육/훈련 플랫폼에서 교육의 효과를 극대화하기 위해서도 AI 아바타 기술이 필요하다. 그 외 교육훈련을 위한 기술들을 살펴보자. 관련 사업을 이미 진행하고 있거나 조금만 눈을 돌리면 메타버스 플랫폼으로 진입이 가능한 기업들이 보일지도 모른다. 다음 [그림 14]는 일반적인 초중고교와 학원, 대학에서 필요한 기술을 중심으로 정리하였다.

＊　의식적으로 지각하고 떠올리거나 인지가 가능한 기억으로 '외현기억'이라고도 한다.

돈이 되는 메타버스

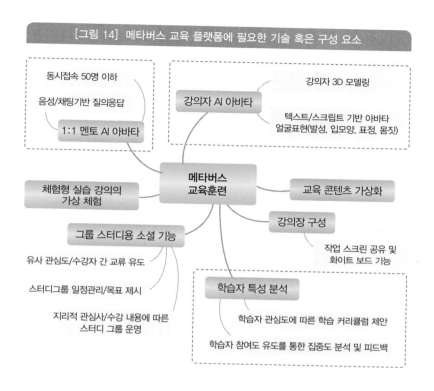

[그림 14] 메타버스 교육 플랫폼에 필요한 기술 혹은 구성 요소

동시접속 50명 이하

음성/채팅기반 질의응답

1:1 멘토 AI 아바타

강의자 AI 아바타

강의자 3D 모델링

텍스트/스크립트 기반 아바타
얼굴표현(발성, 입모양, 표정, 몸짓)

메타버스
교육훈련

체험형 실습 강의의
가상 체험

교육 콘텐츠 가상화

강의장 구성

작업 스크린 공유 및
화이트 보드 기능

그룹 스터디용 소셜 기능

유사 관심도/수강자 간 교류 유도

스터디그룹 일정관리/목표 제시

지리적 관심사/수강 내용에 따른
스터디 그룹 운영

학습자 특성 분석

학습자 관심도에 따른 학습 커리큘럼 제안

학습자 참여도 유도를 통한 집중도 분석 및 피드백

(1) '1타강사' 아바타와 AI 멘토 아바타

강의하는 아바타는 일반적인 학교 선생님 혹은 학원 강사를 의미하며, 사이버 대학과 같이 강의 콘텐츠 자체가 온라인화되어야 하는 교육기관에서도 활용할 수 있다. 기본적으로 가상의 아바타와 실존 인물을 가상화한 아바타는 상대방에게 전달하는 신뢰도가 다르다. 따라서 유명 학원강사나 저명한 대학교수 등의 경우에는 자신을 가

상화한 AI 아바타가 유용할 것이다. 이 경우는 앞에서 소개한 실사 기반의 AI 아바타를 생성하는 기술(마인즈랩, 딥브레인AI)이 필요하다.

AI 멘토 아바타의 경우 교육 콘텐츠에 따라 역할과 생김새가 다를 테지만, 멘토링의 특성상 교육 대상자의 눈높이에 맞고 친근한 캐릭터가 적절할 것이다. 요즘엔 자연어 처리 성능이 발달하여, 기계가 웬만한 우리말을 알아들을 수 있는 수준에 이르렀다. 또한 기계가 답변으로 준비된 텍스트를 음성으로 내보내는 기술Text-to-Speech도 개발되어 있다. 어색하지 않을 정도로 유명인 목소리로 발화하는 솔루션도 나와 있어(네오사피엔스의 '타입캐스트', 네이버 '오디오북' 등), 자연스럽고 호감 가는 목소리를 이용하여 상담자와 대화하거나 학습을 독려하고 개인적인 Q&A를 할 수 있다. 이런 기술은 역할극과 같은 학습 콘텐츠에서는 학습자의 상대역으로도 활용될 것이다.

이 외에도 학습자나 수강생을 표현하는 아바타를 활용하여 소속감 및 소셜 기능을 강화함으로써 교육 과정 이탈을 방지할 수 있을 것으로 기대되고 있다.

(2) 교육 콘텐츠 가상화

교육 콘텐츠 가상화의 핵심은 '학습자들에게 교육 내용을 얼마나 몰입감 있게 흡수시킬 것인가'이다.

첫 번째 노력이 교육 콘텐츠에 게임 요소를 넣은 게이미피케이션 Gamification*이다. 아직까지 성공 사례는 그리 많지 않다. 엔씨소프트에서 개발한 PC 기반의 영어 학습용 게이미피케이션 콘텐츠로 서비스하고 있는 호두잉글리시(호두랩이 인수)는 반대로 게임에 영어 학습을 추가한 경우이다. 그래서 게임에 흥미를 느낀 학습자들이 자발적으로 참여하여, 초등 학생들 사이에서 엄청난 인기몰이를 하고 있다. 이용자는 아바타를 꾸미고 미션을 수행해서 게임머니를 획득하고 가상캐릭터와 친구를 맺고 여행을 갈 수 있다. 이런 점에서 교육 콘텐츠의 메타버스 플랫폼에 가장 가까운 모델이라 할 수 있다. 다만, 영어 학습의 스토리와 게임 콘텐츠의 공급이 개발사에 한정되다 보니 콘텐츠가 다양하지 않고 업데이트가 느려 이용이 장기화될수록 다소 지루하다는 평가도 있다.

두 번째 노력은 몰입감을 극대화한 XR 체감형 교육이다. 교육 분야의 대가인 에드거 데일Edgar Dale의 학습 원추 이론Cone of Learning에 따르면, 학습 효과는 수동적 학습보다 능동적 학습에서 증가한다. 2주 후에 50% 이상을 기억하기 위해서는 보고 듣는 것이 동시에 이루어져야 한다. 또한 학습자가 참여해서 말하고 토론하거나 더 나아가 역할극과 같은 연기를 하면 90% 이상을 기억할 수 있다. 이렇게 몰입감 있는 교육의 효과는 학습 이론으로도 뒷받침된다. 이런 효

---

* 게이미피케이션은 '게임(Game)'과 '~화하다(~fication)'의 합성어로, 게임 요소와 형식을 활용하여 흥미, 관심, 자발적 참여 등을 유도하고 문제를 해결하게 하는 것을 의미한다.

과를 이용한 애플리케이션으로는 역사적 인물에 대한 지식과 영어 스피치 실력을 동시에 키울 수 있는 히스토리 메이커(역사적 인물의 명연설 기반 역할극)가 있다. 미국의 심리학자 미하이 칙센트미하이Mihaly Csikszentmihalyi의 몰입Flow 이론에 따르면, 디지털 미디어의 시각적 구성 요소에 의한 인식과 콘텐츠의 서사적 구성 요소에 의한 감흥이 더해졌을 때 몰입감이 커진다. 몰입을 유도하는 콘텐츠를 개발하는 이들은 이러한 점을 참고하면 좋을 것이다.

지금까지 일반인들을 대상으로 하는 교육 콘텐츠에 대해 소개하였지만, 사실 그 필요성은 군사, 재난/안전, 산업 등의 훈련 분야에서 더 절실하다. 실제 몸으로 체득하고 프로세스를 익혀야 하는 이 분야에서 XR 경험 유무는 하늘과 땅 차이의 결과를 만든다. 특히 군사나 소방 등의 경우 실전에서는 한 사람의 실수가 인명 피해로 직결되는 만큼 한 치의 실수도 허용되지 않는다. 하지만 민원 발생, 부지 확보 제한, 예산 확보의 어려움 등 여러 요인으로 인해(최근에는 COVID-19 상황까지 추가되었다) 현실적으로 실전적 교육훈련이 제한되는 실정이다. 그래서 특히 각국의 군 당국은 비용 대 교육 효과를 고려하여 가상현실 훈련 체계의 도입을 적극적으로 검토하고 있다.

재미있는 점은 군사훈련 시 장비 비용과 효과 사이에 큰 관련이 없다는 것이다. 실제 장비와 유사하게 제작된 고비용의 시뮬레이터형과 HMD(헤드마운티드 디스플레이)를 이용한 저비용의 XR 몰입형 솔루션의 효과를 비교한 연구논문*에 의하면 XR 몰입형이 시뮬레이터형보다 효과가 3.4배 높게 나타났다고 한다. 실제와 유사한 값비싼 장비보다 몰입감 있는 콘텐츠가 효과가 더 크며, 군사훈련에서도 높은 가성비로 활용될 수 있음을 보여주는 결과이다. 이런 결과는 유사한 경험을 필요로 하는 산업용 훈련 등에서도 참고할 만한 유의미한 수치다. 한편, 과기부 산하 정보통신산업진흥원NIPA에서는 2020년부터 군·경찰의 합동 훈련용 XR훈련 솔루션에 대해 다양한 지원 사업을 진행하고 있다.

(3) 스터디용 소셜 기능

비대면 교육에서 가장 신경이 쓰이는 부분은 학습자의 지속적인 참여를 독려하는 방법이다. 이용자들 스스로도 이 부분을 온라인과 오프라인의 가장 큰 차이점으로 인식하고 있으며, 스스로를 채찍질하기 위해 오프라인 학습을 선택하기도 한다. 그러나 비슷한 처지에 있는 학습자들이 서로를 격려해준다면 얘기가 달라진다. 학생들의 경우 선생님을 좋아하지 않아도 친구들과의 관계에서 기쁨을 느끼

---

* 「몰입형과 시뮬레이터형 가상현실 훈련체계 비용 대 교육효과 분석: 육군 가상현실 훈련체계를 중심으로」,《Journal of the Korea Academia-Industrial cooperation Society》, Vol. 22, No. 4 pp. 345-352, 2021

며 학교생활을 즐기기도 한다. 이처럼 비대면 교육이라 할지라도 소셜적 성격의 스터디 모임이 가미된다면 참여율이 비교적 일정하게 유지될 것이다. 예를 들자면 비대면 수업을 진행하는 게더타운과 같은 메타버스 플랫폼에서 강의를 듣고, 방과 후에 제페토와 같은 아바타 소셜 플랫폼에서 친구들끼리 모여서 음성 채팅이나 과제를 하는 등 다양한 친목 활동을 하도록 하는 것이다. 이것은 오프라인의 경험을 메타버스로 옮겨놓는 또 다른 예가 될 수 있다.

(4) 학습자 특성 분석

학습자의 특성 분석 또한 기존의 오프라인 경험을 디지털화해야 하는 대표적인 분야이다. 이상적으로는 누구나 개인과외, PTPersonal Trainer 등과 같은 일대일 맞춤식 교육을 원하지만 현실적으로는 비용과 시간, 공간적 제약이 있다. 그렇다고 지출 절감과 시공간의 자유를 위해 천편일률적인 동영상 강의를 듣고 있자니 어떤 부분은 너무 쉽고, 어떤 부분은 무슨 말인지 이해가 안 되는 일이 종종 발생한다. 어떤 이는 30분 이상 집중을 못하고, 어떤 이는 가끔씩 유머 코드가 나와야 수업에 흥미를 갖는 등 학습자의 특성도 각기 다르다. AI의 도움으로 이런 여러 특성에 맞게 수업 진행방식을 다양화할 수 있는 것이 메타버스 교육 플랫폼의 특징이다. 또한 학습자의 특성에 대해 정보를 수집할 수 있는 것이 플랫폼의 장점이라 할 수 있다. 하지만 그 정보를 어떻게 이용자의 거부감 없이 자연스럽게 학습 스타일 파악에 활용하고, 또 어떤 서비스를 제공할 것인가는 플랫폼 사업자의 숙제가 될 것이다.

(5) 다양한 교육 및 훈련 주제

이 밖에 교육 혹은 훈련 관련 XR 메타버스 활용이 기대되는 대표적 분야는 의료이다. 현재까지 알려진 응용은 인체 해부에 대한 교육, 가상 협업 수술, XR 환경에서 게이미피케이션을 적용한 뇌졸중·치매 고령 환자의 재활 치료, 암과 같은 큰 수술 후 우울증을 극복하기 위한 XR 체험 등이 있다. 또한 외상 후 스트레스장애PTSD와 자폐 및 공황장애와 같은 다양한 사회 불안증을 약물 대신 XR 가상훈련을 통해 어느 정도 극복할 수 있음이 입증되었다. 이것은 훈련이라고 볼 수도 있지만 실상은 치료도 포함된다. 뇌졸중, 뇌출혈, 치매 등으로 부분적 기능 장애가 나타났을 때, 뇌는 손상된 뇌세포가 하던 역할을 손상되지 않은 다른 부분이 어느 정도 수행할 수 있도록 한다. 이런 일은 훈련을 통해 가능한데, 뇌 가소성이라는 뇌의 특성 때문이다. XR 훈련은 몰입감 있는 학습으로 이런 뇌의 훈련 기간을 단축시키거나 효율성을 높여준다. [표 6]에서 알 수 있듯이, 몰입감

[표 6] XR 교육의 각 분야별 응용 사례

분야	설명	효과
의료-1	• 가상수술 • 외상 후 스트레스장애(PTSD) 및 사회 공포증 등 정신질환 훈련	체험 학습이 불가능한 분야의 가상체험
과학	• 우주, 태양계 학습 • 지형, 해저, 지구 단면 등의 학습 • 로켓, 비행체 동작원리, 원자로 원리 학습	
안전	• 지진, 화산, 해일, 등의 자연재해 대피 교육 • 화재, 교통 등의 재난 안전 교육	
역사	• 역사적 사건의 재현, 당시 생활상 체험 등	
언어	• 가상 튜터에 의한 롤플레이로 대화형 언어 학습	가상체험으로 실제 체험학습 대비 비용 절감
미술	• 인테리어, 조각, 조형물, 건축디자인 등 실제 재료로 만들어 보지 않고 사전 제작 경험	
의료-2	• 해부학 실습, 로봇수술, 원격수술 실습	
산업	• 자동차 주행실습, 고가/고위험 중장비 실습	

을 기반으로 한 XR 교육은 다양한 분야에서 활용될 수 있다.

각각의 교육 응용 사례에 따라 콘텐츠 전문 공급자는 달라질 것이다. 그만큼 전문 분야와 요구하는 사전 지식이 다르기 때문이다. 그러나 XR 교육이라는 코어 플랫폼은 동일하므로, 다양한 교육 콘텐츠 공급자가 마음껏 활동할 수 있는 플랫폼 확보가 시급해 보인다. 이 분야에는 온라인 교육 분야의 강자 시공테크, 호두랩, 청담러닝 등이 진입할 것으로 예상된다. 이러한 신규 교육 플랫폼이 성공하기 위해서는 이용자를 모을 수 있는 교육 콘텐츠와 손쉬운 콘텐츠 저작 도구가 필요하다. 1차 관문은 이용자를 끌어모을 수 있는 교육 콘텐츠이다. 특정 교육 콘텐츠를 소비하기 위해 우연히 들른 사람도 지속적 이용자로 남을 수 있는 매력적인 콘텐츠가 있어야 한다. 손쉬운 콘텐츠 저작 도구는 2차 관문이 될 것이다. 콘텐츠 공급을 원활히 하기 위해 다양한 전문가들이 손쉽게 콘텐츠를 제작할 수 있다면 교육 플랫폼 생태계도 확장될 것이다.

클래스 101, 탈잉, 인프런, 프립 등 현재 우후죽순 생겨나는 온라인 강의 플랫폼들은, 자신들의 콘텐츠를 온라인화하고 싶어 하는 콘텐츠 제공자들의 니즈로 인해 약 30%라는 다소 높은 수수료에도 성장하고 있다. 이런 온라인 강의 플랫폼들은 COVID-19로 갑자기 직면한 비대면 세상에서 생존을 위해 생겨났으며, 비디오 클립 수준의 단순 강의를 제공한다. 하지만 역시 XR로 진화할 수 있는 가능성이 무궁무진하다. 이런 온라인 강의 플랫폼들과 초중고교 중심의 기존 교육업계 강자들 중 누가 먼저 XR 형태의 콘텐츠로 메타버스 교육 플랫폼의 블루오션을 선점할 것인지 지켜봐야 할 것이다.

산업 분야 XR 메타버스 교육 콘텐츠의 현황과 장점을 간단히 살펴

보자. 이 분야의 교육은 타 분야 대비 높은 비용과 높은 위험을 수반

하지만, XR 도입을 통해 비용 절감과 안전성 제고 등의 효과를 볼 수

있다. 실제로 실감기술 도입 시 기업의 교육훈련에 소요되는 비용의

40~90% 절감이 가능하다고 보고된 바 있다(KPMG, 2020).

[표 7] 산업 분야 XR 메타버스 교육 콘텐츠 현황과 장점

편익	주요내용
비용 절감	• 용접·선박 도장의 훈련 효과를 제고하기 위해 일대일 맞춤 훈련이 필요하나 강사가 부족하고 교육비가 높음 • 교육 현장에서 전문강사 수는 20~30명당 1명, 고숙련공이 받는 급여가 대기업 연봉의 약 2배 수준임 • 수중 용접 교육비가 1인당 1주에 100만 원 내외이며 VR 선박 도장의 경우 2개월분 교육비가 1천만 원 내외로 매우 비쌈
안전성	• 위험도가 높은 실제 장비나 상황을 다루는 경우에도 안전하게 숙련도 향상이 가능 • CNC, 지게차는 매년 많은 사고로 인한 부상 및 사망이 많아, 제조업 사망사고 10대 작업으로 분류되는 등 XR 교육훈련 적용 가능성이 높음(한국보건안전공단, '19)
고가의 장비	• 제조의 경우 고가의 장비가 많고 대형화됨에 따라 직무 경험이 높아 숙련이 요구되는데, 이렇게 교육기간이 장기간인 분야에서 XR 교육 훈련의 필요성이 커짐 • CNC 장비는 대당 2~3천만 원, 고급 장비는 대당 약 1~5억 원 • 항공기는 고가의 복잡한 전자기 장치로 실제 항공기를 대상으로 한 정비 실습은 사실상 불가능함

* 출처: 정보통신산업진흥원 보고서 일부 발췌

돈이 되는 메타버스

기업은 메타버스를
어떻게 활용하고 있나?

2020년 COVID-19에 의한 락다운lockdown은 기업들에게도 엄청난 시련이었다. 일은 진행해야 하는데 대면 회의를 할 수 없으니 얼마나 답답했겠는가. 기존 거래처라면 믿고 전화 통화만으로 어느 정도 일을 진행할 수는 있지만, 자료를 보며 얼굴을 마주하고 하던 일상적 회의를 전화로 대체할 수 없는 노릇이었다. 그러던 중 혜성처럼 나타난 것이 '줌'이었다. 해외와 활발히 협업하던 글로벌 기업들은 MS 팀스, 시스코 웹엑스, 구글 미트 등을 간간이 써봤지만, 일반 직장인들은 경험이 거의 없는 상태에서 비대면 사회에 직면했다.

이 비대면 사회의 도래는 기업들의 온라인화를 엄청나게 앞당겨

주었다. 2021년 2월 매킨지의 조사에 따르면, 영상 회의·가상미팅 도입 확대에 따라 선진국의 20~25%와 신흥국의 10%에 달하는 근로자가 주 3일 이상 원격근무를 시행 중인 것으로 나타났다. 한편 KPMG는 기업 내외부 커뮤니케이션과 협업을 지원하는 협업 툴이 2023년에는 136억 달러 규모가 되는 등 지속적으로 성장할 것이라고 발표했다.

[표 8]은 4대 화상회의 솔루션이 2021년 상반기에 사용된 내용을 정리한 것이다. 표에서 알 수 있듯이 줌과 미트는 하루 이용자가 1억 명이 넘는다. 이 숫자는 소셜 기반의 메타버스 플랫폼들이 규모의 경제로 진입하기 위한 가입자 목표 수치와 같다. 즉, 기업 솔루션의 경우 개인 이용 대비 엄청난 규모의 경제를 달성할 수 있는 근간이 이미 마련되었다고도 볼 수 있다. 만약 줌이 접속 시간 동안 화면에 광고를 띄우거나 가상배경으로 활용되는 이미지에 PPLproduct placement을 넣는다면 광고비를 얼마나 받을 수 있을까?

[표 8] 2021년 상반기 4대 화상회의 솔루션 사용 현황

줌	MS 팀스	시스코의 웹엑스	구글의 미트
• 이용자 8.4배 증가 (2월 31만 명→4월 263만 명) • 하루 이용자 3억 명 (4월)	• 이용자 2.3배 증가 (3월 3200만 명→4월 7500만 명) • 전년 대비 1분기 영업이익 25% 증가	• 3월 웹엑스 미팅 7300만 건 총 이용 시간 14억 분 • 하루 최대 신규 가입자 24만 명	• 유료고객 20% 증가 (2월 500만→3월 600만 명) • 일일 화상회의 이용 1억 명(4월)

* 출처: 정보통신산업진흥원 보고서 자료 발췌

돈이 되는 메타버스

한편 온라인 회의 플랫폼은 사용 증가에 따라 그 한계도 드러내게 되었다. 기존 화상회의 시스템은 인간적 유대관계 표현 없이 정보 전달만을 목적으로 한다. 또 재택근무 중에는 화상회의 시스템과 생산성 툴의 원활한 활용이 어렵다. 이런 이유로 온라인 회의 플랫폼은 장시간 사용 시 일명 '줌 피로감Zoom fatigue'을 양산한다는 것이다. 이러한 한계를 극복하기 위해 메타버스 워크 플랫폼은 실제 업무 공간 미러링을 통해 현실과 가상세계를 실질적으로 연계시키고, 실제 대면과 같은 협업이 가능하도록 유도하며 발전하고 있다. 앞으로는 AI 가상직원을 통해 개인화된 업무를 지원할 것으로 보인다. 또한 가상공간 내에 생산성 툴 등을 연계하여 현실과 가상세계 사이에서 쉽게 공유 가능하도록 발전할 것으로 기대된다. 관련 동향을 보면, 오피스 프로그램 보유 기업(MS)과 화상회의 및 소셜 커뮤니케이션 툴 보유 기업(메타) 등이 메타버스 비즈니스의 새로운 시장 창출을 위해 적극적으로 준비하고 있는 듯하다.

먼저 MS는 애져, 홀로렌즈2 기반 플랫폼 메시, 협업 툴 알트스페이스, 화상회의 솔루션 팀스, 생산성 도구인 오피스365의 단계적 통합을 준비 중이다. 2021년 7월에는 윈도우즈11 공개에 연이은 인스파이어2021Microsoft Inspire 2021 행사에서 클라우드 기반의 윈도우즈OS를 선보였다. 개인 컴퓨터 기반의 동작 성능을 하드웨어 업그레이드 없이 네트워크만으로 어디에서나 사용할 수 있게 했다. 즉, 스트리밍을 통해 클라우드의 리소스를 활용할 수 있는 구독형 PC/OS

를 제시한 것이다. TV, 모니터, 홀로렌즈 같은 디스플레이 기능이 네트워크에 연결되어 있다면, 무겁게 노트북을 갖고 다닐 필요 없이 키보드와 마우스만으로 자신의 사무실과 똑같은 환경을 누릴 수 있다는 얘기다. 그야말로 MS의 단점인 하드웨어에서 자유로워지면서 애져 클라우드의 강점을 최대한 활용하는 가상과 현실의 융합이 아닐 수 없다.

다음으로 화상회의 및 소셜 커뮤니케이션 툴을 보유한 대표 기업 메타(페이스북)를 보자. 이들은 VR 기기인 오큘러스2 기반의 메타버스 플랫폼 '호라이즌'에 가상 모니터와 실제 키보드를 연동하여 VR 기기를 활용하는 개인용 업무 솔루션 '인피니티 오피스'를 내세우고 있다. [사진 14]는 호라이즌의 워크룸으로 메타 직원들이 원격회의를 하는 모습이다. 호라이즌은 실시간 음성 전달이 이루어지는 가상

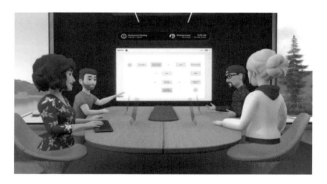

✦ [사진 14] 워크룸 내 메타 직원들의 원격회의

돈이 되는 메타버스

세계를 이용해 사람들의 일상을 커버하는 솔루션이다. 현재까지 무료로 배포하고 있으며(늦어도 2023년쯤엔 광고를 실을 것으로 예상된다), '홈Home', '월드World', '워크룸스Workrooms'로 구성되어 있다. 호라이즌에 접속하면 이용자는 상반신만 있는 아바타 형태로 표현된다. 첫 화면으로 자신의 집(홈)으로 들어가는데, 집을 꾸미고 친구들을 초대할 수도 있다. 월드는 사람들을 만나는 랜드마크, 광장 등 공간으로 표현되며, 워크룸스에서는 오피스 공간에서 동료 아바타와 함께 일할 수 있다. 이런 점에서 호라이즌이 메타의 기조 '사람들의 연결Connecting People'과 메타버스의 특징 '시공간을 초월'을 목표로 한다는 사실을 확인할 수 있다.

VR 기기로 접속하기만 하면 자신의 컴퓨터 환경을 재현하고, 여러 개의 모니터를 가상으로 이용할 수 있는 인피니티 오피스는 MS의 구독형 OS와 비교할 수 있다. 현재 오큘러스 퀘스트2가 아무리 가볍다고 해도(약 500g) 한 번에 2시간 이상 착용하기에 다소 무리이다. VR 컨트롤러로 화이트보드에 낙서를 하거나 손으로 지시를 하거나 하는 등의 오프라인 경험을 공유하도록 했지만, 손가락의 자유를 억압당한 채 컨트롤러를 이용해야 한다는 점 역시 사용성에 많은 제약을 주고 있다. 그러나 메타가 추진하는 대로 XR 글라스 형태 디스플레이가 출시된다면 마우스와 키보드만 있으면 호라이즌을 기반으로 인피니티 오피스(호라이즌 워크룸스의 개인 PC 버전)까지 활용하여 언제 어디서나 업무를 할 수 있는 환경이 가능하게 될 것이다. 메타가 2019년 인수한 컨트롤랩스의 EMGelectromyography(근전도 기기) 손목밴드가 상용화된다면, 키보드나 마우스도 필요 없을 것이다(Part 3. 9장 참고).

이 경쟁에서 MS가 앞설지 메타가 앞설지 아직 알 수 없지만, 개인적으로 2023년쯤에는 노트북 대신 XR 글라스와 호환되는 휴대용 키보드와 마우스를 구비해볼 생각이다.

국내 오피스 프로그램 대표 기업으로는 한컴이 있다. 이들은 2019년 오피스 기능 관련 서비스와 콘텐츠를 제공하는 '말랑말랑 플랫폼'을 오픈하고, 2021년에는 메타버스 전문 기업인 프론티스(지능형 사물인터넷 통합관제, AR, VR 솔루션 개발)를 인수하는 등 미래의 입지를 위해 고민하고 있는 듯하다. 또한 국내 알서포트는 원격근무 솔루션 '리모트뷰'와 화상회의 서비스 '리모트미팅'을 주축으로 메타버스 비즈니스 플랫폼을 확장하고 있으며, 직방은 메타버스 오피스 툴 '메타폴리스'를 공개하여 많은 주목을 끌고 있다. 이들이 얼마나 다른 기업들이 필요한 서비스를 공급해나가면서 사업을 확장할지 지켜봐야 할 것이다.

다음에 정리한 표와 그림의 내용을 바탕으로 향후 메타버스 비즈니스 플랫폼의 성장 형태와 관련 기업이 제공하는 협업 툴의 진화 방향을 예상해보자.

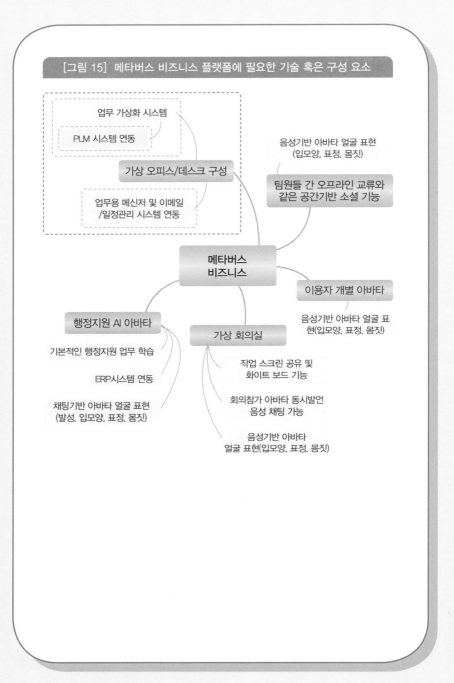

[그림 15] 메타버스 비즈니스 플랫폼에 필요한 기술 혹은 구성 요소

업무 가상화 시스템

PLM 시스템 연동

가상 오피스/데스크 구성

업무용 메신저 및 이메일
/일정관리 시스템 연동

음성기반 아바타 얼굴 표현
(입모양, 표정, 몸짓)

팀원들 간 오프라인 교류와
같은 공간기반 소셜 기능

메타버스
비즈니스

이용자 개별 아바타

음성기반 아바타 얼굴 표
현(입모양, 표정, 몸짓)

행정지원 AI 아바타

기본적인 행정지원 업무 학습

ERP시스템 연동

채팅기반 아바타 얼굴 표현
(발성, 입모양, 표정, 몸짓)

가상 회의실

작업 스크린 공유 및
화이트 보드 기능

회의참가 아바타 동시발언
음성 채팅 가능

음성기반 아바타
얼굴 표현(입모양, 표정, 몸짓)

돈이 되는 메타버스

[표 9] 메타버스 비즈니스로 진화하는 협업 툴

1단계	2단계	3단계
메신저 기반 협업	화상 기반 협업	메타버스 플랫폼
• 슬랙테크 – 슬랙(Slack) • 구글 – 워크스페이스 (Workspace) • 페이스북 – 워크플레이스(Workplace) • 노션랩 – 노션(Notion) • 네이버 – 네이버웍스(Naver Works) • 카카오 – 카카오 워크(Kakao Work) • 마드라스체크 – 플로우(Flow) • 토스랩 – 잔디(JANDI)	• 구글 – 구글 미트(Google Meet) • 줌 비디오 커뮤니케이션 – 줌(Zoom) • 시스코 – 웹엑스(WebEX) • MS – 팀스(Teams) • 디스코드 – 디스코드(Discord) • 블루진스 네트웍스 – 블루진스(Bluejeans) • 페이스북 – 메신저룸(Messenger Room) • 알서포트 – 리모트미팅(Remote Meeting)	• MS - 메시 • 메타 - 인피니티 오피스 • 알서모트 - 리모트뷰 • PTC - 뷰포리아
		진화 방향
		• AI 아바타의 가상직원 : 단순업무와 개인화된 업무지원 • 가상 업무공간과 원격 협업 : 실제 대면과 같은 협업, 오프라인 업무도구들이 현실과 가상세계 사이에서 쉽게 공유·호환

* 출처 : 정보통신산업진흥원 보고서 발췌

메타버스에서 스마트 팩토리의 역할은 무엇일까?

(1) 스마트 팩토리와 AI

스마트 팩토리란 공장 내 설비와 기계에 각종 센서(카메라, 온습도 센서, 유해 가스 감지 센서 등)를 설치하고 데이터를 실시간으로 수집 및 분석하여 공장 내 상황을 일목요연하게 보고observability, 이를 바탕으로 목적된 바에 따라 공장이 스스로를 제어하도록 자동화하는 것이다. 기존의 공장 자동화가 공장 내 단위 공정별로만 이루어졌다면, 스마트 팩토리는 각 공정이 유기적으로 연계되고 총체적인 관점에서 효율적으로 운영된다.

여기에서 핵심은 각 공정을 모니터링할 수 있는 센서(이를테면 카메라)에서 정보를 수집하는 컴퓨터 비전을 기반으로 판단과 제어를 할 수 있는 AI 기술이다. 카메라를 통해서가 아니더라도 각 공장에서 수집한 수많은 환경 데이터를 기반으로 공장 내 상황을 분석하고 의사결정을 하는 '데이터 기반 운영체계data driven operation'를 갖추면 생산 현장에서 발생하는 여러 문제를 해결할 수 있다. 이렇게 공장의 자동화와 더불어 디지털화까지 되어야 스마트 팩토리라 할 수 있다. 이 정도 수준의 스마트 팩토리는 누구나 한 번쯤 들어보았을 것이며, 현시점에서 무리 없이 구현 가능한 기술이다.

스마트 팩토리를 한 걸음만 더 전진시켜보자. 제품설계 및 해석 도구인 CADComputer-Aided Design/CAEComputer-Aided Engineering 등을 포함하는 PLMProduct lifecycle management(제품 수명 주기 관리) 솔루션, 시제품을 가상으로 만들어보고 빠르게 실물로 확인할 수 있는 3D 프린터, 가상과 현실의 연동 및 가상공간 내 실제 환경 수준 검토가 가능한 물리 시뮬레이션 시스템, 제조 프로세스 분석을 위한 공정 시뮬레이션 등 다양한 통합 기술들이 디지털화를 이루게 될 것이다. 가상에서 공정 설비를 시뮬레이션하면 발생 가능한 오류를 선제적으로 도출하여 자체 피드백으로 보완하는 일이나, 이 데이터들을 반복하여 생성해 AI 빅데이터 학습을 가상 데이터 기반으로 구현하는 일도 가능하다. 실제로 전자에 대해서는 생산성 효율화의 가능성을 2020년부터 실증 중이다. 포항산업과학연구원과 포스코케미컬이 국책과제

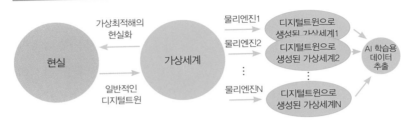

[그림 16] 디지털로 호환 가능한 현실(왼쪽)과 현실 최적화 가상 시뮬레이션(오른쪽)

로 수행 중인 이차전지 소재(양극재, 음극재) 시범 공장의 가상화 및 제조 설비와 관련해 디지털 운영 시스템을 도입한 것이다. 후자는 각종 AI와 관련한 데이터를 획득하기 위해 또는 현실을 최적화하기 위해 가상 시뮬레이션으로 사용되고 있다.

(2) 엔비디아와 스마트 팩토리

엔비디아는 25년 전에 GPUGraphic Processing Unit(그래픽 처리 장치)를 처음 세상에 선보이고 시장을 이끌어온 기업이다. 엔비디아의 GPU는 당초 게임용 그래픽을 위해 만들어졌지만, 연산 능력이 높은 GPU를 데이터센터용으로 전용轉用하면서 데이터센터 시장을 잠식해나가고 있다. 이와 같은 행보는 모두가 COVID-19로 위협을 받던 2020년 상반기에 공격적으로 두 개의 회사를 인수합병하면서 드러났다(4월

돈이 되는 메타버스

에 멜라녹스를 인수하고 두 달 뒤 큐뮬러스 네트웍스를 인수했다).

이 배경에는 정보의 가상화, AI, 클라우드가 있다. 기본적으로 AI 인공 신경망을 수행하려면 단순 연산을 수없이 반복해야 하는데, 단순 연산의 반복 처리는 GPU가 CPU보다 압도적으로 유리하다. 그 점에 착안한 엔비디아는 GPU 외에 GPU 기반의 AI 개발 플랫폼까지 세트로 구성하여, 엔터프라이즈 AI 서버를 구축해주거나 구독 서비스 형태로 사업화하고 있다. 하드웨어와 소프트웨어 통합 플랫폼으로 AI 시대를 이끌겠다는 전략이다. 이 전략이 유효했는지 2021년 3분기 엔비디아의 데이터센터 사업 매출은 2020년 3분기와 비교하여 55% 증가했으며 전체 매출 기준으로는 37%를 달성했다.

젠슨 황은 산업용 시뮬레이션 및 협업을 위한 엔비디아의 플랫폼 옴니버스를 메타버스로 소개했으며, 이것이 엔비디아가 제안하는 '미래를 만들어가는 가상공간'이다. 옴니버스는 실시간 협업과 시뮬레이션을 할 수 있는 3D 가상공간 오픈 플랫폼이다. 그 가상공간은 현실 속 지구에서 벌어지는 물리현상(역학, 중력, 광학 등)을 100% 재현하여 실제와 같은 가상경험을 미리 시뮬레이션할 수 있다. 그리고 오픈 플랫폼이므로 다른 가상공간에도 적용될 수 있는 호환성(USD 표준 파일 포맷으로 변환해주는 솔루션 포함)을 갖는다. 실제로 옴니버스를 사용하면 디자이너, 예술가, 크리에이터뿐 아니라 심지어 AI도 서로 다른 도구들을 사용해 서로 다른 세계를 하나의 공통된 세상으로 연결할 수 있다.

옴니버스가 타겟으로 생각하는 시장, 즉 가상 및 현실 확장 기반의 스마트 팩토리는 2019년 188억 달러(약 22조 3000억 원)에서 2030년 6344억 달러(약 753조 300억 원)로 폭발적인 성장을 기대하고 있다(PWC, 2019. 11). 스마트 팩토리 중 3D 시뮬레이션 소프트웨어 단일 솔루션에 대해서는 2018년 12억 달러(약 1조 4000억 원)에서 2030년 26억 2000달러(약 3조 800억 원)로 전망하고 있다(엔비디아 제공).

2021년 6월, 엔비디아는 이러한 시장 전망을 바탕으로 실시간 XR 원격 협업 및 3D 시뮬레이션 플랫폼 옴니버스 엔터프라이즈를 유료 서비스로 출시하였다. 이를 이용한 스마트 팩토리를 가동하는 기업 중에는 스웨덴 통신사 에릭슨이 있다. 이들은 5G 전파가 벽을 통과하지 못하는 점에 착안해 실제 거리의 건물, 도로 등 환경을 디지털트윈으로 구현한 다음, 최대의 전파 커버가 가능한 최적의 5G 중계기 배치안을 시뮬레이션하여 중계기를 판매 및 설치하고 있다.

또한 BMW도 전 세계 15개국 31개 공장과 거기에서 일하는 5만 700천 명의 직원과 내부 상황을 옴니버스에 가상공장으로 구현했다. 그 후 전체 공장에서 엔비디아 솔루션의 시뮬레이션을 이용하여 생산공정 시간 단축 효과를 보는 등 생산 계획 단계에서만 30%

효율이 개선되었다. 상세 내용은 QR로 확인해보자. 엔비디아는 여기서 멈추지 않고 2021년 11월 GTC2021에서 산업용 로봇과 연동하는 기술을 소개했다.

(3) 스마트 팩토리 현황

스마트 팩토리의 현주소는 어떤지 살펴보자. 과거의 데이터 기반으로 자동화하던 AI 스마트 팩토리는 실시간 원격 협업은 물론 시각 기반의 디지털트윈 구현까지 가능한 다양한 형태로 확대와 진화를 거듭하고 있다. 또한 현실과 시각적·물리적으로 동일한 3D 가상세계를 구축하여 최적의 제품 생산을 위한 프로세스를 도출함으로써 비용 절감과 생산성 향상까지 가능하게 되었다. 특히, 현실의 물리현상을 학습한 가상공간 물리엔진과 AI의 도입으로 제품의 출시나 실사용 이전에 물리적 환경과 사용 패턴을 학습하고, 제품의 노후화까지 사전 시뮬레이션할 수 있다.

국내의 경우, 일부 기업들이(펄어비스 등) 물리적 현상을 가상공간의 모델로 구축한 물리엔진을 그래픽엔진 노하우로 보유하고 있다. 자연스러운 컴퓨터그래픽을 보여주는 영화 및 애니메이션의 제작 혹은 게임의 실시간 그래픽 효과를 위해서다. 하지만 지금까지 물리엔진이 스마트 팩토리를 위해 활용된 예는 알려진 바가 없다.

앞서 소개한 엔비디아가 산업용 가상 시뮬레이터를 활용한 최초의 기업은 아니다. 오히려 후발 주자에 가깝다. 산업용 가상 시뮬레이터에 의한 공장 자동화의 선봉은 프랑스의 다쏘시스템이었으며, 이들은 여전히 자동차, 우주항공, 국방 분야 설계 및 엔지니어링 가상 AI 시뮬레이션에서 최고로 손꼽힌다. 게다가 이들의 시뮬레이터는 엔비디아가 이제서야 진출하여 데이터를 축적하고 있는 다양한 분야에서 이미 검증되어 사용되고 있다. 하지만 특유의 개방성과 자유도에서는 엔비디아가 좀 더 앞선다는 평가다. 우리가 생각하는 산업용 메타버스는 AI를 기본적으로 장착하여 똑똑하면서도 다른 분야로 용이하게 확장할 수 있어야 한다. 또 다양한 개발자들이 사용하는 저작 도구로 저변을 확대할 수 있는 개방성도 겸비해야 할 것이다.

여기서 향후 산업용 AI 시스템이 스스로 더 스마트해지는 자기변형 학습 방향과 엔비디아와 같은 협업 기반의 개방형 AI 시스템 방향으로 진화할 것으로 예상해볼 수 있다. 현재 AI 및 메타버스 분야는 더 이상 독자 생존이 어려운 분야이다. 앞서 엔비디아의 예에서 보았듯 전 세계적으로 타 분야와의 협력이 활발히 이루어지고 있는 현실은 참고할 필요가 있다. 특히 스마트 팩토리와 관련된 메타버스 팩토리는 생산성 향상 및 시설 투자 비용의 절감에 직결되어 있어, 메타버스 분야 중에서 가장 빠른 성장이 기대되고 있다.

[표 10] 스마트 팩토리 관련 기술과 기업

메타버스 제조	관련 기업
• 협력 디자인 : 다양한 분야의 전문가와 협력하며 디자인 고도화 가능	• 엔비디아, 다쏘시스템, 오토데스크 등
• 디지털트윈 : 시뮬레이션으로 장비와 설비 최적화 : 물리엔진 시뮬레이션 가능	• 엔비디아, 다쏘시스템 등 가상화 기업 • 엠씨넥스, 센코 등 디지털트윈용 센서 기업
• 증강된 보조 : 실시간 원격 커뮤니케이션과 현장 상황 공유가 가능하여 관리 용이	• PTC, 버넥트 등 원격 커뮤니케이션 솔루션 기업 • 햅트엑스 등 햅틱피트백 글러브를 통한 원격 로봇 팔제어 솔루션 기업

* 출처: 정보통신산업진흥원 보고서 참고 재구성

메타버스 속 도시는
어떤 모습일까?

스마트 시티는 국내에서도 2018년 즈음부터 '유비쿼터스 시티' 등의 이름으로 자주 언급된 바 있다. 특히 세종시와 부산시에서 추진한 시범도시 건설로 인해 대중들에게 많이 알려지게 되었다. 여기서는 스마트 시티의 핵심 사업 중에서 메타버스 관련 부분에 대해서만 살펴보도록 하겠다. 스마트 시티가 향후 우리 삶에 어떻게 영향을 끼칠 것인지, 또 관련 산업에는 어떤 것들이 있는지 함께 알아보자.

(1) 스마트 시티란?

스마트 시티란 정보통신 기술(ICT)을 이용해 생활 속에서 유발되는 교통 문제, 환경 문제, 주거 문제, 시설 비효율 등을 해결하여 시민들이 편리하고 쾌적한 삶을 누릴 수 있도록 한 도시이다. 말 그대로 '똑똑한 도시'를 의미한다고 할 수 있다. 세계적 시장조사기관 스태티스타Statista는 2025년에 스마트 시티의 시장 규모가 1조 1230억 달러(약 1331조 7657억 원)에 이를 것으로 전망하고 있다([그림 17] 참고). 스마트 시티의 폭발적 성장을 예측하는 이유는 세계적인 추세인 저출산·고령화 현상에 의한 인구 구조의 변화, 탄소 중립을 추구하는

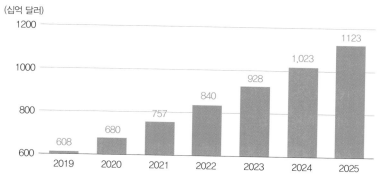

[그림 17] 글로벌 스마트 시티 시장 규모

(십억 달러)

* 스태티스타(Statista)가 2020년 4월에 게재한,
'Spending on smart city projects worldwide from 2019 to 2025' 참고

친환경 도시로의 변화, 이들을 실현시킬 기술의 발전 때문이다.

스마트 시티가 실현되면 우리의 일상은 어떻게 바뀔까? 스위스 경영개발대학원IMD에서 매년 발표하는 「스마트 시티 인덱스Smart City Index」에서는 2020년 가장 스마트한 도시로 싱가포르를 꼽았다. 우리나라는 부산과 서울이 각각 46위와 47위에 올랐다. 이들은 싱가포르를 1위에 올린 이유로 스마트한 교통 혁신을 꼽았다. 데이터에 기반한 도로교통 체계를 구축하고, 자율주행차, 오픈데이터, 비대면 결제, 클라우드 등 공유 경제 플랫폼을 활용하여 통합 모빌리티 서비스(전기자동차 공유, 전기스쿠터 공유)를 구축했다는 것이다. 현재 싱가포르의 모습을 참고하면 스마트 시티가 실현되었을 때 변화될 우리의 일상을 교통, 환경, 에너지, 네트워크 등 몇 가지 키워드로 요약할 수 있다. 좀 더 자세한 면면을 보면, 도시 전체를 아우르는 데이터를 관리할 수 있어야 하고, 이를 디지털트윈으로 제어 및 관리할 수 있는 관제 시스템이 있어야 하며, 시민들이 차별 없이 디지털 정보에 접근할 수 있어야 한다.

디지털트윈은 메타버스 핵심 요소인 '디지털로 호환 가능한 현실'을 의미한다. 스마트 시티에서 사용되는 디지털트윈은 크게 빌딩 IoTInternet of Things(사물인터넷)를 위한 BIMBuilding Information Model(가상 설계 건설)과 제조·스마트 팩토리 분야에서 디지털트윈으로 시뮬레이션을 가능하게 하는 물리엔진으로 나눌 수 있다. 현재 기존의 도로

교통망 및 설비나 배관 등의 정보를 3D 가상화한 1세대 디지털트윈에 지형, 온도, 공기의 흐름, 대기 상태 등 물리적 정보가 추가되었다. 이 덕분에 스마트 시티는 가상도로 건설 후 소음, 홍수, 열섬 현상 등을 사전 시뮬레이션하고 최적의 도로를 건설할 수 있다. 스마트 팩토리에서 언급한 현실과 가상세계의 관계를 이 분야에서 살펴보면, 현재 대부분의 디지털트윈은 '디지털화Digital Transformation'에만 집중하고 있고, 다음 단계인 '디지털화된 가상세계를 이용한 최적 솔루션의 현실화'에는 조금 더딘 감이 있다. 그러나 정작 돈이 되는 것은 후자이다.

우리나라 정부는 2020년 '한국판 뉴딜'을 발표하면서, 2025년까지 전국 4차선 이상 도로를 3차원 디지털 지도, 자율주행 자동차, 스마트 시티 등에 활용하겠다고 했다. 디지털화DT를 우선적으로 수행하려는 목적이지만, 이를 활용한 자율주행 실증, 도시 공동화 방지를 위한 도시 재건 등 앞으로 할 일이 산적해 있다. 도로교통부는 디지털트윈 기술 개발과 고정밀 공간 정보 생산을 중점 사업으로 선

[표 11] 다쏘시스템 서비스와 버추얼 싱가포르 구현 내용

다쏘시스템	항공우주, 국방, 자동차, 건설, 산업용 장비 산업, 하이테크, 에너지, 조선해양, 천연자원 등 12개 산업에 3D 익스피리언스 플랫폼 기반 솔루션 제공
버추얼 싱가포르	3D 익스피리언스 시티 기술로 구현한 싱가포르 전체 건물, 도로, 교통정보, 지리, 풍향, 나무, 차량 등 모든 정보가 담겨 있는 3D 가상 도시

정해 총 4368억 원을 투자할 계획이다. 각 지자체에서도 스마티 시티를 표방하면서 도시의 3D 가상화(디지털트윈)에 앞장서고 있다. 그중 전주시는 싱가포르를 스마트 시티 '버추얼 싱가포르'로 만들어준 다쏘시스템과 손잡고 국토정보공사와 협약하여 '버추얼 전주'를 추진하고 있다. [표 11]은 스마트 시티 프로젝트를 맡고 있는 다쏘시스템이 제공하는 서비스와 버추얼 싱가포르에서 구현한 내용을 간단히 요약한 것이다.

(2) 스마트 시티 – 디지털트윈 – 메타버스 도시 플랫폼

디지털트윈에 대해 계속 언급하는 이유는 그것이 스마트 시티에서 사람들이 기대하는 것을 충족시킬 수 있으며, 그 도시의 모든 산업이 연결되는 메타버스 도시 플랫폼이 되기 때문이다.

디지털트윈은 자동차, 다리, 건물과 같은 물리적 자산 또는 환경을 디지털 방식으로 재현한 것으로 기존의 3D 모델이라기보다는 정보 모델에 가깝다. 디지털트윈은 프로젝트 계획 단계에서 생성되는 공동 데이터 레퍼런스이다. 따라서 설계에서 제조, 건설, 운영, 유지 관리뿐 아니라 심지어 향후 사용이나 재사용에 이르는 자산 수명 주기의 전 단계에 적용될 수 있다. 정적인 데이터 모델과 달리

[표 12] 디지털트윈 활용 영역

산업 분야	주요 내용	해외 사례
사회간접자본 및 도시계획	도시 기능 모니터링, 교통량 관리, 교량 유지 및 보수	싱가포르, 버추얼 싱가포르
항공 우주	항공 경로 VR 시뮬레이션, 엔진 장기 성능 검토	핀에어, 헬싱키 공항 항로 VR 시스템
자동차	자율주행 시스템 점검, 교통패턴 데이터 수집 및 사고량 예측	언리얼 엔진 활용 자율주행 시뮬레이터

디지털트윈은 물리적 공간의 개체가 학습되고 업데이트된다. AI와 IoT 기술을 이용해 실물의 수명 주기 전반에 걸쳐 데이터를 주고받기 때문이다. 이러한 동적 시뮬레이션을 통해 가상의 디지털트윈 사용자는 문제가 발생하기 전에 미리 예방하고 새로운 기회를 탐색하며 미래를 계획할 수 있다.

스마트 도시와 빌딩 IoT를 말할 때 항상 같이 나오는 개념이 가상 설계 건설, 즉 BIM이다. 정의를 하자면, BIM은 시설물의 형상이나 속성 등을 디지털로 표현하여 정보의 통합 활용이 가능하도록 만든 디지털 모델이다. 반면 디지털트윈은 현실과 동일한 3D 가상 세계 모델을 구현하고, 그 디지털 모델과 물리세계를 연결하여 실제 운영 및 유지보수 단계의 활용에 중점을 두는 시스템이다. 그럼 스마트 시티가 메타버스 도시 플랫폼으로 진화하려면 어떻게 해야 할까? 도시 전체에 대한 BIM과 디지털트윈을 도시 재생을 위한 설계, 교통 체증 관리, 미세먼지 농도 관리 등 여러 서비스로 동시에 활용하고, 다양한 관련 종사자(조경·건축물 설계자, 시공자, 인프라 관리자, 엔지니어, 국토교통부, 환경부 등)가 공동으로 접속하여 이용할 수 있는 플랫폼으로 발전시키면 된다. 이렇게 가상공간에서 사전에 시뮬레이션으로 최적화된 예측 정보를 바탕으로 사전 설계된 도시는 더 이상 고전적 디지털트윈이 아닌, 그야말로 가상에서 현실로 실현된 메타버스 도시 플랫폼이 될 것이다.

현재 이러한 비즈니스를 꿈꾸면서 추진하고 있는 대표적 두 글로벌 기업이 다쏘시스템(프랑스)과 오토데스크(미국)이다. 이들이 나아가는 길을 보면 스마트 시티의 메타버스 도시 플랫폼이 그려질 것

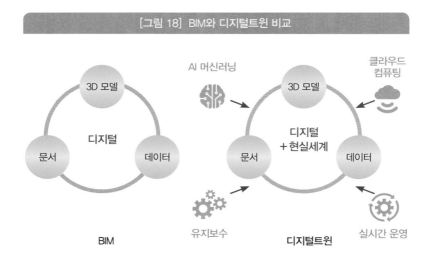

[그림 18] BIM와 디지털트윈 비교

[표 13] 오토데스크 인수합병(2005년~2019년)

인수 시기	인수 기업	특징
2005년	앨리어스	영화, 애니메이션 분야 컴퓨터그래픽 제작 툴 마야
2015년	씨컨트롤, 넷파브	IoT클라우드 서비스 플랫폼 개발사 씨컨트롤과 산업용 적층 설계 및 제조 소프트웨어 솔루션 개발사 넷파브
2018년	어셈블 시스템즈, 플랜그리드	건설SW 스타트업 및 건설 생산성 SW업체
2019년	빌딩커넥티드	입찰 관리 플래폼 업체

이다. 특히 산업용 메타버스 분야와 BIM 분야에서 가장 눈에 띄는 활약을 하는 것은 오토데스크인데, 이들은 2005년부터 굵직한 인수합병을 여러 차례 진행하여 자사 비즈니스 포트폴리오를 진화시키고 있다([표 13] 참고).

메타버스 시대의 자동차에는
어떤 일이 일어날까?

　자동차와 메타버스를 함께 얘기할 때는 세 가지 주제를 포함해야 한다. 첫째는 지금의 차에도 적용해볼 수 있는 운전자를 위한 XR HUDHead-Up Display, 둘째는 주행거리의 가상공간 구현과 위치 측정 및 동시 지도화Simultaneous Localization And Mapping, SLAM를 이용한 자율주행 시뮬레이션, 셋째는 자동차를 이용해 즐길 수 있는 XR 경험이다.*

＊　일반적으로 간과하는 것으로 차량의 헤드램프와 테일램프를 이용한 XR 경험도 있다. 헤드램프와 테일램프용으로 마이크로LED가 도입되면서 과거의 단순한 온오프 표시 용도 외에 디스플레이의 기능이 추가되었다. 이를 이용해 도로 위에 다양한 콘텐츠를 프로젝션하여 차량 외부에 있는 이들과 XR 경험을 공유할 수 있다.

자동차에서 XR HUD 외 XR 경험을 누리는 것은 본격적인 자율주행 시대가 도래한 이후일 것이다.

그러므로 여기서는 XR HUD와 자율주행 시뮬레이션에 대해서만 살펴보고자 한다.

(1) XR HUD

XR HUD는 운전자라면 모두 안 써본 사람은 있어도 한 번 써본 사람은 없다고 한다. 그만큼 기존 차량에 붙박이로 있는 네비게이션 혹은 스마트폰을 이용한 길 안내가 편하지 않았다는 의미이다. XR HUD는 주행 중 자연스러운 시선 처리가 가능한 상황에서 추가 정보를 주기 때문에 클러스터의 혹은 전통적 AVN Audio Video Navigation 위치 대비 선호될 수밖에 없다. 그렇다면 지금 흔히 쓰이는 간이 HUD가 아닌 제대로 된 XR HUD가 되기 위해 갖춰야 할 요건들은 무엇일까? 제품 개발 시 고려할 사항에 대해 정리해보면 [표 14]와 같이 나타낼 수 있다. 결론적으로 자율주행 레벨 3 또는 4가 되더라도 운전자는 전방을 주시해야 하기 때문에, 운전자의 편의를 위한 XR HUD의 최소 디스플레이 표시 범위 Field of view, FoV는 15° 이상이 되어야 하며 2개 이상의 거리감을 표시할 수 있는 디스플레이 기술을 구현할 수 있어야 한다.

[표 14] 메타버스 시대 운전자를 위한 XR HUD의 요구 사항

요구사항	설명
정보 종류	주행정보 메인 표시장치, ADAS 및 네비게이션 기능 강화, 대화면 XR 구현
최소 시야 범위 (핸들 윗쪽 정면 주시 기준)	• 상시 정보 표시 : 눈동자의 이동 없는 10° 이내, 정보인지 0.2초 • 유효 정보 (클러스터 수준) 표시 : 눈동자 이동 있으나 머리 이동 없는 약 20° 이내, 정보인지 0.3초
운전자의 주의 분산 최소화	• 2초 간 전방 미주시 시 50km/h에서 28m 이동, 100km/h 에서 55m 이동 • 주행 속도에 따른 전방 주시 거리 변화 필요 → 다중초점면(Multi-focal plane) 혹은 가변 초점(Vari-focal plane) XR HUD 필요
XR HUD FoV	정확한 네비게이션 정보 표시를 위해 최소 근거리 3차선 도로 위 표시 필요 → HUD FoV 15° 이상 필요

(2) 자율주행 시뮬레이션

주행거리의 가상공간 구현과 SLAM(위치 측정 및 동시 지도화)를 이용한 자율주행 시뮬레이션을 살펴보자. 이 대표적인 예는 2021년 8월 19일 '테슬라 AI 데이'에서 발표된 AI 학습용 슈퍼컴퓨터 '도조Dojo' 이다. 도조는 비전온리Vision-Only 방식의 자율주행을 달성하기 위한 훈련용 AI라 할 수 있다. 테슬라가 말한 방법의 결과만 보면 메타버스와 별로 관련이 없다고 볼 수도 있다. 하지만 비전온리 자율주행을 달성하려면 디지털트윈 환경에서 각종 물리현상과 교통상황의

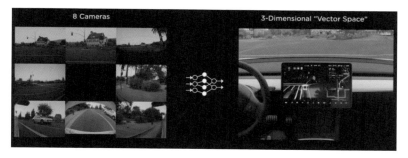

✦ [사진 15] 2D 카메라 영상이 3D 주변 환경으로 통합되는 모습

* 테슬라 'AI 데이' 개최…"자율주행·로봇에 인공지능 접목" – 모터그래프 (MOTORGRAPH.COM)

특이(예외) 경우를 포함시켜 시뮬레이션해야 한다. 이것은 앞에서 스마트 팩토리를 설명하기 위해 다루었던 메타버스 팩토리 플랫폼과 동일한 포맷이다.

테슬라는 차량에 장착된 8대의 2D 카메라 영상을 이용하여 3D 주변 정보와 차량의 예상 경로 정보를 추가하였다([사진 15] 참고). 그 결과 차량은 주변 상황을 토대로 가상의 지도를 생성하고, 다른 테슬라 차량의 네트워크를 활용해 해당 지도에 맞게 실제 도로 정보를 수집하게 되었다. 매일 전 세계 100만 대 이상의 테슬라 전기차로부터 이렇게 수집되는 2D 카메라 영상은 수천만 개에 이른다. 도조는 이를 이용하여 3D 시뮬레이션 환경을 생성한 다음 자율주행 기능을 테스트하고, 특이 경우edge case에 데이터로 새로운 상황을 반복해서 생성하고 학습한다. 이런 기술로 테슬라와 자율주행 후발주자들 간의 격차는 더욱 크게 벌어질 것으로 예상된다.

한편 국내 기업 현대차 그룹도 관련 연구 및 상용화를 차근차근 준비하고 있다. 지난 2019년에는 스위스 웨이레이사와의 협업을 통해 소비자전자제품박람회Consumer Electronics Show, CES에서 XR HUD를 전시하기도 했다. 하지만 해당 기술은 홀로그래픽 광학계HOE를 차량 앞 유리에 설치하여 자동차 규격에 맞는 신뢰성(특히 포토폴리머)을 확보하기 어렵다. 또한 자동차 부품 공급망 관리SCM상 티어1에서 HUD 전장 시스템과 차량 앞유리까지 함께 납품하는 구조는 대량 생산으로 상용화하기가 쉽지 않다. 이런 이유들 때문이었을까. 현대는 이미 지분투자한 웨이레이사를 두고 2021년 초에 현대모비스를 중심으로 엔비직스(영국, CGH 기반 XR HUD 개발 스타트업)에 지분을 투자하면서 전략적 파트너쉽을 구축하였다. 그 외 로봇 자율주행과 XR 네비게이션 개발을 위해 현대차 혁신기술사업추진실에서는 '앨리스Alice'와 '워렌Warren' 프로젝트를 진행하고 있다. 이 프로젝트들은 각각 실외 AR 지도와 실내 AR 지도를 구축하기 위한 것이다.

디지털트윈이 주요 기술로 활용되는 산업 분야에서 다쏘시스템이 빠질 수 없다. 다쏘시스템과 여러 협력업체들(아토스, 르노그룹, ST마이크로일렉트로닉스, 탈레스 등)은 스마트 모빌리티 혁신을 위해 지난 2021년 5월에 개방형 플랫폼을 추구하며 '소프트웨어 리퍼블리크Software République'를 공동 설립하였다. 이는 오토데스크가 참여하고 있는 엔비디아 중심의 옴니버스 생태계에 대항하기 위한 것으로 보인다. 소프트웨어 리퍼블리크는 오직 모빌리티에 국한된 용도이지만, 앞서 소개한 싱가포르의 스마트 시티를 성공적으로 구축하였고 국내에서도 스마트 시티 프로젝트를 주도적으로 진행하고 있다. 이처럼 다쏘시스템의 시뮬레이터는 앞에서도 말했듯이 다양한 분야에서 이미 검증되어 사용되고 있다. 더 많은 분야의 크리에이터가 접근할 수 있는 표준화된 파일 포맷과 인터페이스를 제공한다면, 다쏘시스템은 '메타버스 오토Automotive'로 다시 한번 성장할 수 있을 것이다.

Money
Moves To
Metaverse

Part 3

다가올 웨어러블
메타버스에는
어떤 기술들이 사용될까?

지금까지 메타버스에 의해 우리들의 삶이 어떻게 바뀔지 분야별로 살펴보았다. 지금까지 살펴본 메타버스는 현실과 가상이 상호작용하고, 그 속에서 새로운 가치를 만들어가는 세상이다. 위메이드와 더샌드박스는 그런 상호작용의 매개체로 가상화폐를 이용하였다. 이처럼 메타버스는 이미 우리의 삶 속에 조금씩 녹아들고 있으며, 이제 출발선에서 한 걸음을 떼었을 뿐이다. 앞서 Part 2에서 살펴보았던 SF 영화에서나 볼 법한 서비스들이 실제로 구현되기 위해서는 현실과의 상호작용을 위해 수많은 기술이 필요하다.

Part 1 7장에서 보았듯이 메타버스 시대를 예견한 애플, 구글, MS 등 글로벌 빅테크들은 오래 전부터 이러한 상호작용 분야에 필요한 기술을 파악하고 전략적으로 대응해왔다. 그들은 메타버스 기술을 개발하는 별도의 부서를 만들기도 하고, 관련 기술이나 인력을 보유한 스타트업을 인수하면서 새로운 시장을 선점하려는 노력을 기울이고 있다.

심지어 페이스북은 자신의 정체성인 사명(페이스북)을 버리고 '메타'로 이름을 변경하며, 메타버스를 트렌드가 아닌 패러다임으로 이끌겠다는 포부를 밝혔다(2021년 10월). 빅테크들 중 가장 공격적으로 미래 기술에 투자하고 있는 메타는, 다가올 세상에서 서비스(페이스북, 인스타그램, 왓츠앱)를 이용할 때 숨쉬듯 자연스럽게 가상과 현실을 오갈수 있도록 도와주는 하드웨어 기술 개발에 집중하고 있다.

'숨쉬듯 가상과 현실을 오갈수 있도록 도와주는 하드웨어.'

이 기술에서는 현실과 가상의 매개체가 보고 듣고 느끼는 '감각'이 되어야 한다. 현실에서 느낀 감각과 가상에서 느낀 감각의 경계가 모호해지고, 어느 순간부터는 메타버스를 접속하기 위해 컴퓨터를 켤 필요가 없이 걸어 다니면서 또는 친구와 대화하면서 자연스럽게 메타버스 세상에서 살아가게 될 것이다. 이런 시대가 오기 위한 전제 조건은 '웨어러블 메타버스Wearable Metaverse', 즉 착용 가능한 메타버스이다.

이러한 동향이 갑작스레 나타난 것은 아니다. 2013년에 출시한 구글 글라스가 이미 그 시작을 알렸다. 2020년과 2021년 코로나로 전 세계가 봉쇄되어 있을 때 조차도 AR 글라스 관련 기술들은 끊임없이 얼굴을 내밀었다. CES(소비자전자제품박람회) 또는 국내 언론에도 종종 노출된 AR 글라스 관련 움직임을 정리하면 아래 [그림 19]와 같다. 스마트폰을 선점하고 그 플랫폼을 선점한 애플처럼 또는 안드로이드 플랫폼을 쓰지만 디바이스의 혁신을 보여준 삼성처럼 모두가

[그림 19] 주요 빅테크들의 XR 하드웨어 플랫폼 확보를 위한 노력

디바이스를 선점하고자 달려가고 있는 것이다.

웨어러블 메타버스는 시각(디스플레이)에서 시작되며, 디스플레이는 글라스에 포함된다. 하지만 이 외에도 시각의 입력을 담당하는 카메라 및 청각을 위한 오디오와 마이크가 필요하다. 또 자연스러운 제스처를 통한 입력 제어를 위해 제스처 인식, 아직 성장하고 있는 촉각을 위한 햅틱 입출력, 생각만으로 입력을 제어하는 마인드 리딩 등의 '두뇌-컴퓨터 인터페이스'까지 다양한 감각 관련 기술들이 필요하다.

Part 3에서는 메타버스의 삶과 현실세계의 삶을 자연스럽게 연결하려면 어떤 기술들이 필요한지 알아보려고 한다. 현재 관련 기업들이 우리가 그간 보아왔던 영화나 드라마 수준의 기술을 보여주기 위해서는 좀 더 시간이 필요할 것으로 보인다. 기술적인 부분부터 개인정보 보호 등의 법적인 부분까지 넘어야 하는 장벽은 많다. 그렇기에 각각의 기술 분야에서 혁신하는 메타버스 관련 기업들에 대한 투자 가치는 더욱 높아질 것이다. 만약 혁신이 어디에 일어나고 있는지 혹은 어디에 가장 혁신이 필요한지 미리 공부를 해둔다면, 메타버스라는 새로운 세상을 보다 정확하게 바라보고 투자 기회를 찾아낼 수 있을 것이다. 아니, 어쩌면 직접 메타버스 세상에서 혁신을 하며 '금광'을 캘 수 있을지도 모른다.

Part 3에서 다룰 내용은 기술적인 내용이 많다 보니 조금 어렵고 지루할 수 있을 것 같다. 그래서 미리 제목을 확인하고 흥미가 느껴지는 부분부터 읽어보거나, 투자 포인트를 읽어본 다음 관심 있는 본문을 읽어보는 것도 좋을 것이다. 혹시라도 아직 메타버스의 미래가 머릿속에 그려지지 않는다면 영화 「스파이더

맨: 파 프롬 홈Spider-Man: Far From Home」이나 「레디 플레이어 원Ready Player One」
을 보면 도움이 될 것이다. 기술적인 내용의 이해를 돕기 위해, 중간중간 삽입해
놓은 QR 코드의 동영상을 활용해도 좋다. 여기에서 설명할 내용은 많은 부분이
논문, 전시회 등에서 공개된 최신 기술들이다.

지금부터 미래의 웨어러블 메타버스를 이끌어갈 기술들에 대해 살펴보자.

VR/AR 기기의 필요성 :
어떤 기기가 웨어러블
메타버스에서 더 많이 사용될까?

인간이 현실에 '존재한다'고 느끼는 이유는 0.001초도 멈추지 않고 현실세계와 상호작용하고 있기 때문이다. 사람은 온몸(오감뿐 아니라 몸에 난 털까지 이용해서)을 통해 정보를 수집하며, 자신의 움직임에 따라 실시간으로 바뀌는 정보에서 현장감을 느낀다. 메타버스에서도 이와 같은 현장감을 느끼기 위해 실시간으로 메타버스의 정보를 받아들일 수 있는 자연스러운 인터페이스를 원하고 있다.

평상시 뇌에서 처리하는 감각 정보의 약 70%가 시각 정보이고, 약 20%는 그때그때 강화되는 청각과 나머지 감각이다. 시각 정보가 가장 중요하다는 말이다. 이런 이유로 현장감이 느껴지는 메타버스

돈이 되는 메타버스

를 만들기 위한 첫 과제는 메타버스의 시각 정보를 실시간으로 전달하는 것이다. 실제 사물을 보는 것처럼 연속적으로 우리 눈에 시각 정보를 전달할 수 있을까? 그것을 가능케 하는 것이 바로 VR/AR 기기이다. 안경 형태의 VR/AR 기기를 착용하면 디스플레이가 눈앞에 위치하므로 지속적으로 메타버스의 시각 정보를 전달받을 수 있다. 따라서 VR/AR 기기는 향후 펼쳐질 웨어러블 메타버스 시대의 필수 디바이스가 될 것이다. 그렇다면 VR 기기와 AR 기기의 차이점은 무엇일까? 웨어러블 메타버스 시대에는 어떤 기기가 더 많이 이용될까?

VR 기기는 가상현실을 온전히 보여주기 위해 주변 환경의 시각적 자극을 차단한다. 가상의 메타버스 외에는 볼 수 없게 하기 때문에 게임, 영화 및 가상 콘텐츠 등 높은 몰입감이 필요한 경우에 VR 기기를 이용한다. 특히 움직이지 않고 시각과 청각만 이용하여 감상이 가능한 영화 등을 볼 때엔 편한 자세로 콘텐츠를 즐기기에 최적의 기기라고 할 수 있다. 일인칭 게임에서도 압도적인 시각 자극을 통해 극한의 몰입감을 제공한다. 로블록스, 제페토 등에서 구성한 공간을 VR을 통해 접할 수 있다면, 메타버스 속 나만의 공간에 대한 애착은 점점 커질 것이다. 개인적인 사심을 넘어 하는 말이지만, Part 2에서 언급했던 배틀그라운드 게임을 VR 환경에서 경험할 수 있다면 엄청난 긴박감을 느낄 수 있을 것이다. 하지만 VR 기기를 활용할 경우 사용자는 외부 환경을 전혀 인지하지 못하기 때문에 움직임에 큰 제약이 생긴다. 이러한 특성에 따라 VR 기기는 여가 시간에 활용되는 오락용 기기가 될 가능성이 높다.

반면에, AR 기기는 주변 환경에 가상의 정보를 투영한다. AR 기기

[표 15] VR과 XR 기기의 장단점

	VR 기기	AR 기기
형태		
디스플레이 원리		
장점	• 넓은 시야각(100° 내외) • 외부 환경 차단으로 높아지는 몰입감	• 밝은 현실세계 시야 → 움직임의 자유 • 안경과 같은 얇고 작은 크기
단점	• 고글보다 크고 두꺼워 불편함 • 폐쇄 공포 발생 • 현실세계 시야가 없어 움직임 제한 • 멀미감 • VAC(눈이 보는 위치와 디스플레이의 위치가 달라서 생기는 불편함)	• 디스플레이·광학계 효율로 인한 배터리 문제 • 실외 이용 시 주변 대비 디스플레이 되는 가상정보 밝기 표시 한계(선글라스와 같은 바이저 추가) • 좁은 시야각(40° 내외)
활용	• 몰입감이 사용자 경험의 핵심이 되는 영화, 콘서트, 게임 등	• 실생활에서 자주 사용하는 일반적인 서비스, 협업 • 위치를 기반해 제공되는 콘텐츠와 게임

는 메타버스를 이용하면서도 일상생활을 영위할 수 있게 해주기 때문에 스마트 워치와 같이 일상생활 속 웨어러블 디바이스로서 활용될 가능성이 높다. 특히 한 공간에서 협업 시 AR 기기를 활용한 다양한 도구는 생산성을 크게 높여줄 것이다. 2019년 국내에서 관심을 모았던 드라마 「알함브라 궁전의 추억」에서 보았던 위치 기반의 특수한 오락 경험을 제공할 수 있을 것으로 기대된다. 접속 위치에 따라 다채롭게 주어지는 퀘스트, NPC 경험은 사용자의 일상생활에 새로운 흥미를 더해줄 것이다.

VR과 AR 기기 각각의 장단점이 상호보완적인 만큼, 두 가지 기능을 다 갖춘 디바이스가 개발되고 있다. 중국의 엔리얼은 AR 경험을 중심으로, 기기에 부착할 수 있는 액세서리를 제공하여 사용자에게 VR 경험도 제공하고 있다.* 반대로 메타(페이스북)의 오큘러스 퀘스트 2는 VR 경험이 중심이지만, 장착된 전면 카메라를 통해 카메라 씨쓰루Camera see-through AR 기능을 제공하고 있다. 하지만 카메라 씨쓰루 AR은 카메라 영상의 지연이 발생하고 발열이 심해서 장시간 사용은 어렵다. 이러한 문제 때문에 AR 기기를 중심으로 VR 경험을 제공하는 방향이 선택될 가능성이 높다. 실제로 삼성전자, 구글 등 게임 콘텐츠에 강점이 없는 빅테크들은 VR 기기를 포기하고 AR 기기 개발

---

* 엔리얼의 AR기기는 세계 각국에서 판매하고 있으며, 국내에서는 LG 유플러스를 통해 구입할 수 있다.

에 집중하고 있다.

하드웨어 기업들은 AR 기기의 매끄러운 VR-AR 기능 전환을 위한 방식도 고민하고 있다. 별도의 액세서리 없이 조명 조건에 따라 렌즈가 변색되는 일반적인 변색 렌즈, 사용자가 버튼을 통해 변색 조건을 설정할 수 있는 전기선막 방식의 변색 렌즈가 핵심 아이디어로 거론된다. 일반 변색 렌즈는 변색 속도가 느리고 사용자가 원하는 시점에 색깔을 바꿀 수 없다는 단점이 있고, 전기선막 방식의 변색 렌즈는 변색 시 소비전력이 커져 배터리에 영향을 끼칠 수 있다는 단점이 있다. 이런 이유로 아직까지 어떤 방법이 주효하게 활용될지는 불투명한 상황이다.

그렇다면 메타버스와 사람을 연결해줄 핵심 인터페이스인 VR/AR 기기를 완성시키기 위해 가장 필요한 기술은 무엇일까? 가장 중요한 세 가지를 꼽자면 마이크로 디스플레이, 광학계, 배터리이다.

간단 요약 및 투자 포인트

☑ 간단 요약

일상 속에서 메타버스의 실감나게 경험하려면 지속적인 시각 정보의 전달이 필수적이다. 이를 위해서는 디스플레이가 포함된 안경 형태의 VR/AR 기기가 필요하다. VR/AR 기기는 웨어러블 메타버스 시대의 필수 디바이스이지만, 각각의 장단점이 달라서 VR은 여가용, AR은 일상 생활용으로 사용될 것으로 보인다.

🥟 투자 포인트 1

VR/AR 기기는 웨어러블 메타버스 시대의 필수품이 될 것이다. VR/AR 기기 시장의 확대는 필연적이며, 개발 기업에는 분명한 투자 가치가 있다.

VR 기기는 오락용 기기로 발전할 가능성이 높다. VR 기기가 속하게 될 시장은 소니의 플레이스테이션, MS의 엑스박스와 같은 콘솔 게임 시장이다. 따라서 VR 기기와 게임 콘텐츠를 모두 보유한 기업이 살아남을 가능성이 크다 (Part 1의 7장 [표 2] 참고). AR 기기는 일상용 기기로 발전할 것이다. AR 기기가 초기에 스마트 워치와 같은 웨어러블 시장에서 성장하다가, 점차 애플의 아이폰, 삼성의 갤럭시가 있는 스마트폰 시장을 대체해갈 것으로 전망하는 이들도 있다. 기술이 성숙하면서 지금보다 의미 있는 투자 기회가 있을 것이다.

🦪 투자 포인트 2

사용자에게 새로운 경험을 제공하는 데 필요한 기술을 개발하는 기업에서 투자의 기회를 찾을 수 있다.

VR/AR 기기의 일반화를 위해서는 해결해야 할 기술적·제도적 문제가 남아있다. 기술적인 문제는 디스플레이, 광학계, 배터리 문제로 압축된다. 세 가지 기술을 개발하고 있는 기업들을 적극적으로 발굴한다면 2~3년 내 성과를 볼 수 있을 것이다.

Prat 3에서는 세 가지 기술 외에도 가상과 현실의 상호작용을 위해 필요한 기술들을 소개한다. 각각의 기술을 개발하는 기업들이 어떤 문제를 해결하고 있는지 파악하는 일이 투자 의사 결정의 핵심이 될 것이다.

돈이 되는 메타버스

마이크로 디스플레이: 작고 가벼운 XR 기기를 위해 디스플레이는 어떻게 진화해야 할까?

VR/AR 기기는 머리에 안경 형태로 착용하게 된다. 그래서 스마트폰이나 TV에서 사용하던 기존의 큰 디스플레이 대신 반도체 공정을 활용한 작은 마이크로 디스플레이가 필요하다. 안경형 기기에서 사용되는 마이크로 디스플레이의 크기는 보통 1인치(약 2.54cm)라고 하지만, 디자인을 고려한다면 0.5인치 이하가 좋을 것이다. 우리에게 익숙한 TV 수준의 FHDFull HD(1920×1080) 해상도를 구현하려면, 1인치 디스플레이라고 하더라도 픽셀 하나의 크기는 10마이크로미터(㎛) 이하로 작아져야 한다. 하지만 기존 디스플레이와 같이 유리기판 위에 디스플레이를 만들면 10㎛ 수준의 픽셀 집적도를 구현하는 일이 쉽지 않다.

[표 16] 디스플레이 기술의 장단점

	LCoS	OLEDoS	LEDoS
연관된 기존 디스플레이 기술	LCD	OLED	없음
밝기	○	△	◎
색 재현도	X	○	◎
대비도	X	△	◎
집적도 (미세화 가능성)	△	○	◎
크기	△	◎	◎
소비 전력	X	○	◎
반응 속도	△	△	◎
기술 성숙도	◎	△	X
기술적 허들	• 외부 광원을 활용해 모듈의 크기가 큼 • 자체발광이 아니라는 점에서 태생적 한계를 가짐	• 핵심 문제인 집적도에 대한 기술은 확보되지 않음 • 3000ppi 이상의 FMM이 개발되어야 함* • 유기 물질 기반이기 때문에 집적도와 수명의 한계가 명확함	• 무기 LED 물질의 합성과 공정상에서의 문제가 아직까지 해결된 적 없음
기업	옴니비전, 하이맥스, 라온텍, 신디언트	소니, 이매진, 코핀, 마이크로OLED, BOE, (LG디스플레이)	제이드버드 디스플레이, 플레시, 루멘스, 모조, 나노시스, (삼성전자)

• (   ) 기업은 연구 개발은 완료한 것으로 알려져 있으나, XR 디스플레이를 양산한 이력은 없음

* APS 홀딩스 등의 국내 업체가 글로벌 시장을 선도하고 있다.

이런 문제점을 해결하기 위해 시장에서는 LCoS_{Liquid Crystal on Silicon}, OLEDoS_{OLED on Silicon}, LEDoS_{LED on Silicon} 등 크게 세 가지 방향에서 접근하고 있다. 공통적으로 'on Silicon(실리콘 기판 위에서)'이라는 말이 포함되는데, 이는 세 가지 기술 모두 집적도가 확보된 실리콘 반도체 공정을 활용하기 때문이다. 각 기술이 가진 장단점에 대한 보다 상세한 내용은 [표 16]에 정리하였다. 이외에도 마이크로 디스플레이에 활용되는 것 중 LBS_{Laser Beam Scanner}도 있지만 디스플레이가 아니므로 다른 기술과 직접적인 비교가 어려워 제외하였다.*

각각의 기술을 소개하기 전에 결론부터 말하자면, 장기적인 관점에서 아마도 최후의 승자는 LEDoS가 될 것이다. 다른 기술들의 이론적인 한계 때문이다. 먼저, 별도 광원을 이용하는 LCoS 방식은 소비전력 관점에서 경쟁이 어렵다. OLEDoS는 자체 발광이긴 하지만 FMM_{Fine Metal Mask} 방식을 이용한 유기물 도포 기술이 갖는 집적도의 한계가 있어, 실리콘 기판 위에서 성장시킨 LEDoS의 집적도를 극복하기 어렵다.

---

* 홀로렌즈2는 회절형 컴바이너(Part 3 3장 참고)에 유리한 협대역 광원 기반의 LBS(Laser Beam Scanning)를 사용하였다. LBS를 간단히 설명하자면, 레이저에서 나온 빛을 빠르게 각도를 바꾸는 작은 거울로 스캔해서 전체 화면을 만드는 기술이다. 작은 거울을 빠르게 회전시키는 시스템이 바로 MEMS(Micro Electro Mechanical Systems)이다. 그러나 MEMS는 부피도 크고 매 순간 오차 보정을 위한 센서가 필요해 소모전력도 크다. 이런 단점 때문에 향후 LBS를 활용한 XR 기기는 찾아보기 힘들 것이라 예상한다.

LEDoS는 자체 발광하고 실리콘 반도체 공정을 활용할 수 있기 때문에 집적도도 $1\mu m$보다 작은 수준까지 구현할 수 있는 상황이다. 그러나 현재 수준에서 아직까지 상용화된 적이 없는 LEDoS는 XR 디스플레이를 위한 후보 중 하나일 뿐이다. LEDoS 디스플레이가 널리 사용되기 위해서는 다음과 같은 두 가지 기술적 문제를 해결해야 한다.

(1) 어떻게 LED 물질을 만들어 구동회로와 결합할 것인가?

LEDoS의 무기물 발광 물질의 합성 온도는 $750℃$ 수준으로, 실리콘 기판 위에 준비된 구동회로가 견딜 수 있는 온도보다 훨씬 높다.[*] 따라서 미리 구동회로를 만들어 놓은 뒤 그 위에 LED 물질을 합성하면 회로가 모두 무너져내리게 된다. 또 이론적으로 실리콘 기판 위에 LED 물질을 합성하는 것도 굉장히 어렵다. 맞지 않는 퍼즐 조각을 억지로 퍼즐 판에 집어넣으려 힘을 가하면 조각이 부러지는 것처럼, LED 물질과 실리콘의 격자 간격이 달라 증착되는 LED 물질에 심각한 수준의 금crack이 생기기 때문이다.

---

[*] 실리콘 기판에 구현된 CMOS 회로는 통상 200~300℃ 정도의 온도까지 견딜 수 있는 것으로 알려져 있다.

돈이 되는 메타버스

이런 문제점을 해결하기 위해 기업들은 다른 기판 위에 LED 물질을 증착하고, 이를 실리콘 기판에 옮기는 웨이퍼 본딩Wafer Bonding 방식을 통해 LEDoS를 구현했다. 홍콩의 제이드버드 디스플레이JBD 는 LED 물질과 잘 맞는 퍼즐 판인 사파이어(Al$_2$O$_3$) 기판을 활용해 [그림 20]과 같은 공정을 개발하는 데 성공했다.* 2021년 CES 혁신상을 받

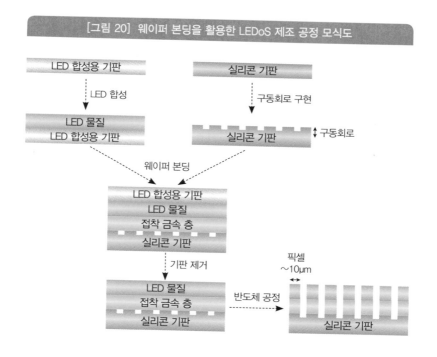

[그림 20] 웨이퍼 본딩을 활용한 LEDoS 제조 공정 모식도

* Zhang, Lei, et al. 「Wafer-scale monolithic hybrid integration of Si-based IC and III－V epi-layers—A mass manufacturable approach for active matrix micro-LED micro-displays」, 《Journal of the Society for Information Display》, Volume 26, Issue 3(2018), p137-145

은 미국 기업 뷰직스의 '넥스트 제너레이션 스마트 글라스'와 2021년 9월 샤오미가 발표한 AR 기반 스마트 글라스에는 모두 JBD의 제품이 사용되었다.

하지만 사파이어 기판처럼 딱딱하고 화학적으로도 안정된 기판을 떼어내는 것은 어렵다. JBD는 레이저를 활용해 사파이어 기판과 LED 물질 사이의 계면을 잘라내는 방식을 사용하는데, 이 방식을 활용하면 LED 물질에 손상이 생긴다. 결과적으로 LED 물질에 손상을 주지 않으면서 기판을 제거할 방법이 필요한 상황이 되었다.

그래서 기업들은 반도체 공정에서 쉽게 조작할 수 있는 실리콘 기판 위에 LED 물질을 증착하는 기술을 개발하기 시작했다. 앞서 언급한 대로 이 기술을 개발하는 것은 이론적으로도 굉장히 어려운 일이다. 그럼에도 불구하고, 지속적인 기술 개발을 통해 영국의 플레시[*], 프랑스의 알레디아와 삼성전자[**]가 기술 개발에 성공했다. 양산 기술 확보는 삼성전자만 성공한 것으로 파악된다. 향후 웨어러블 메타버스를 위한 마이크로 디스플레이 시장이 성장하면, LEDoS 디스플레이 관련 기술을 선제적으로 확보한 기업들에 투자 가치가 있을 것이다.

---

[*] Mezouari, Samir, and John Whiteman. 「Light emitting diode chip and a method for the manufacture of a light emitting diode chip」. U.S. Patent No. 10381507, 13 Aug. 2019

[**] https://www.samsung.com/led/insights/insights-detail-4

(2) 어떻게 RGB를 구현할 것인가?

LEDoS 기술은 색깔마다 발광 물질이 다르기 때문에, 하나의 디스플레이 패널 위에 RGB를 모두 구현하기 어렵다. 이런 문제점을 해결하기 위해 기업마다 다른 방법으로 접근하고 있다. 그 방법들을 간단히 살펴보자.

방법 ① 색깔별 패널을 광학적 방법으로 합치기

앞서 언급한 JBD는 웨이퍼 본딩 방식으로 RGB* 각각을 위한 디스플레이를 만들고, 프리즘을 활용해 하나의 이미지로 합치는 방식을 이용하고 있다([그림 21]). 이 방식은 현재의 기술로 충분히 구현이 가능하다. 하지만 물리적 충격으로 인해 패널의 방향이 약간이라도 바뀌면 각 색마다 이미지의 위치가 틀어져 무지갯빛 패턴이 발생하는 문제가 생긴다. 또 세 개의 패널을 활용하기 때문에 디스플레이 모듈이 2배 이상 커지고 무거워지며, 각 컬러 패널별 구동칩이 별도로 붙어서 가격이 비싸다는 단점이 있다.

방법 ② 하나의 기판에 성장시키기

플레시는 RGB를 순차적으로 성장시키는 방식을 제안했다. 한

---

* 빨간색(Red), 초록색(Green), 파란색(Blue)으로 빛의 삼원색을 뜻한다.

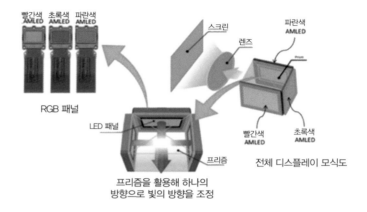

[그림 21] JBD의 색깔별 패널을 광학적인 방법으로 합치는 기술

빨간색 AMLED 초록색 AMLED 파란색 AMLED

RGB 패널

LED 패널

프리즘을 활용해 하나의
방향으로 빛의 방향을 조정

스크린

렌즈

프리즘

파란색 AMLED

빨간색 AMLED 초록색 AMLED

전체 디스플레이 모식도

색깔을 성장시키기 위해 그 외 색깔은 FMM으로 막아야 하므로 OLEDoS와 유사한 집적도의 한계가 있다. 또한 대량생산 시 생산 속도에 문제가 생길 수도 있다.

방법 ③ 퀀텀닷을 비롯한 광변환 물질 사용

일본의 샤프는 사파이어 기판에서 성장시킨 파란색 LED를 실리콘 회로기판과 본딩한 다음, 그 위에 빨간색과 초록색을 퀀텀닷 Quantum Dot, QD으로 채워서 제작한 디스플레이를 2019년부터 해외에 전시하고 있다. 또한 삼성전자를 비롯한 국내 기업, 나노시스 같은

[그림 22] 퀀텀닷의 작동 원리

짧은 파장의 빛 (파란빛, 자외선) → 퀀텀닷 → 긴 파장의 빛 (초록색)

짧은 파장의 빛 (파란빛, 자외선) → 퀀텀닷 → 긴 파장의 빛 (빨간색)

해외 기업과 학계 연구진*도 퀀텀닷을 활용하여 RGB를 구현하는 기술을 개발하고 있다.

퀀텀닷을 한 문장으로 표현하자면 '짧은 파장의 빛을 흡수해 긴 파장의 빛을 방출하는 발광체'라고 생각할 수 있다. 방출하는 빛의 파장은 퀀텀닷의 나노 입자 크기(nm)에 따라 달라진다. 그래서 파란 빛이나 자외선을 퀀텀닷에 조사하면, 퀀텀닷은 이를 흡수해 초록색이나 빨간색 빛을 발광할 수 있게 된다. 이런 원리를 통해 퀀텀닷을 활용하면 파란빛을 발광하는 LED 물질만 증착해도 하나의 기판에서 RGB를 모두 구현할 수 있다.

---

* Lin, Huang-Yu, et al. 「Optical cross-talk reduction in a quantum-dot-based full-color micro-light-emitting-diode display by a lithographic-fabricated photoresist mold」《Photonics Research》, Volume 5, Issue 5(2017), p411-416

하지만 픽셀의 크기가 작아질수록 퀀텀닷은 충분히 역할을 수행하기 어려워진다. 픽셀의 크기가 작으면 주변 픽셀에 영향을 미치지 않기 위해 픽셀의 두께 역시 얇아야 하는데, 이렇게 되면 퀀텀닷의 적층 두께가 얇아져서 흡수되지 않고 투과되는 파란빛의 양이 증가하기 때문이다. 그래서 최근에 학계와 산업계는 퀀텀닷의 단점을 보완하기 위해 페로브스카이트Perovskite 등 새로운 물질도 검토하고 있다. 하지만 3um 이하 화소 크기로 RGB FHD 해상도를 대응하는 디스플레이는 아직 양산된 적이 없다.

간단 요약 및 투자 포인트

☑ 간단 요약

VR/AR 기기 활용을 위해서는 작은 크기의 마이크로 디스플레이가 필수적이다. 마이크로 디스플레이 기술은 크게 LCoS, OLEDoS, LEDoS 세 가지로 나뉘는데, 이 중 LEDoS가 가장 이상적인 기술이다. RGB LEDoS를 구현하려면 넘어야 할 기술적 문제가 존재한다. 크게 LED 물질과 구동회로의 결합, RGB 색깔 구현 두 가지이며, 이 문제들을 해결할 수 있는 기업에 투자 가치가 있을 것이다.

♨ 투자 포인트 1

단기적으로는 LCoS와 OLEDoS가 XR기기 디스플레이 시장을 먼저 열겠지만, 장기적으로 마이크로 디스플레이 시장의 승자는 LEDoS일 것이다.

2020년 3월 메타(페이스북)는 영국의 플레시와 독점 공급 계약을 맺었다. 당시 애플이 인수를 검토하고 있어서 3년의 기간을 두고, LEDoS 개발 성공 시 인수를 조건으로 독점계약을 맺었을 것으로 업계 사람들은 짐작하고 있다.

애플은 소니 OLEDoS 커스텀 디자인 비밀 공급계약을 맺었으며, 대만을 중심으로 OLEDoS 및 LEDoS 개발을 한다는 소문도 있었다.

AR 기기 개발 기업 뷰직스, 중국의 테크 기업 샤오미는 JBD와 전략적인 파트너십을 구축했다. 삼성전자는 이전부터 쌓아왔던 디스플레이 기술과 LED

사업팀의 기술력을 기반으로 직접 LEDoS 기술을 개발하고 있다. 삼성전자는 차량용 램프의 형태로 LEDoS를 양산한 유일한 회사이므로, 타사 대비 경쟁 우위에 있다.

이처럼 글로벌 빅테크들은 마이크로 디스플레이 기술을 확보하기 위해 전략적 투자와 파트너십 등의 움직임을 보여주고 있다. 향후 기기 개발 경쟁이 가속화되며 독보적인 마이크로 디스플레이 기술을 가진 기업들의 가치는 점점 높아질 것이다.

🏵 투자 포인트 2

마이크로 디스플레이의 핵심은 'on Silicon'이다. 실리콘 기판을 활용한 디스플레이 구동회로를 개발하는 시장은 이제 개화하고 있어, 높은 투자 가치가 점쳐진다.

LEDoS 개발 기업들은 비상장 기업이거나 삼성전자처럼 LEDoS 이외의 사업도 함께 영위하고 있어 직접적인 투자가 어려운 상황이다. LEDoS 개발 기업에 대한 투자가 어렵다면, LEDoS를 구동할 수 있는 구동회로를 개발하는 회사를 살펴보는 방법도 있다. 마이크로 디스플레이는 'on Silicon'을 활용한다. 실리콘을 사용하면 보다 유연하게 회로를 구성할 수 있다. 뛰어난 회로를 구축해 배터리 수명과 직결되는 전력 효율을 높이고, 고해상도 디스플레이 가능

돈이 되는 메타버스

성과 직결되는 픽셀 반응 속도를 높일 수 있게 된다.

국내에서는 라온텍, 사피엔반도체가 글로벌 경쟁력을 지닌 마이크로 디스플레이 구동회로를 개발한 이력이 있다. 특히 사피엔반도체는 웨어러블 메타버스의 핵심 기업으로 언급되는 다수 기업들과 회로 개발 및 공급 계약을 맺을 만큼 시장에서 인정받고 있다. 이전부터 디스플레이 산업에 높은 이해를 보였던 국내 플레이어들이 글로벌 시장을 적극적으로 공략할 수 있을 것으로 기대된다.

컴바이너 : 안경처럼 투명한 기기가 어떻게 디스플레이를 눈에 보이게 할까?

투명한 안경 형태의 XR 기기를 착용했을 때 디스플레이에서 빛이 나오는 방향(파란색 화살표)과 외부의 빛이 눈에 들어오는 방향(빨간색 화살표)이 다르다. 그래서 외부의 빛(빨간색 화살표)과 디스플레이에서 전달되는 빛(파란색 화살표)을 합성하고 눈으로 보내주는 광학 부품(렌즈)이 필요하다([그림 23] 참고).

XR 기기의 렌즈는 시력 교정용 안경 렌즈와 다르게 특수한 구조로 제작되어 우리 눈에 외부 광(풍경) 외에도 디스플레이 광을 함께 전달하는 역할을 한다. 이런 특수한 구조의 광학계를 '컴바이너

돈이 되는 메타버스

[그림 23] XR 기기에서 빛이 움직이는 방향

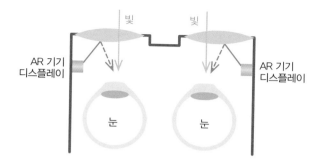

combiner'라고 부르며, 이 컴바이너가 XR 기기를 SF 영화처럼 만들지 못하는 가장 중요한 기술적 문제이기도 하다.

컴바이너에 대해 좀더 깊이 있는 내용을 접하고 싶다면 각주의 논문*을 살펴보면 좋을 것 같다. 여기서는 이 컴바이너의 핵심 지표인 시야각, 효율, 크기, 생산성에 대해 각 기술의 개발 수준을 설명하고자 한다. 다음 '컴바이너 기술의 여러 지표'를 참고하면 이해에 도움될 것이다.

* Kress, Bernard C. 「Optical waveguide combiners for XR headsets: features and limitations」, 《Digital Optical Technologies 2019》, Volume 11062; International Society for Optics and Photonics, 2019

컴바이너 기술의 여러 지표

■ **시야각:** 시야각은 시각이 감각 중 가장 중요한 만큼 **몰입감과 움직임의 자유도와 직결된다.** 시야각을 좀더 이해하기 쉽도록 간단한 실험을 준비했다. [그림 24]를 참고하면서 종이 한 장을 돌돌 말아서 원기둥과 고깔로 만들어보자. 말아 놓은 종이의 좁은 쪽에 눈을 가져다 대면, 원기둥보다 고깔모양으로 세상을 보는 것이 더 편하다고 느낄 것이다. 이때 깔때기 모양이 원기둥 모양보다 시야각이 넓을 것이라고 생각한다면, 정확하게 이해한 것이다.

■ **아이박스(Eyebox)의 확장성:** 아이박스는 눈에 비춰지는 그림의 크기를 의미한다. [그림 24]의 세 번째 그림처럼, 두 번째와 동일한 시야각을 갖도록 하고 눈에 가져다 대는 부분을 넓혀보자. 눈을 조금씩 돌려도 보기에 답답하지 않다. 이렇게 아이박스를 확장하면 안경과 눈의 위치가 조금 틀어지더라도 불편함없이 XR를 즐길 수 있다. 반대로, 아이박스가 좁은 경우

[그림 24] 좁은 시야각(맨 위)과 넓은 시야각(중간), 큰 아이박스(맨 아래)

돈이 되는 메타버스

얼굴 크기, 눈 크기, 눈 간의 거리가 사람마다 달라 잘 보이지 않는 불편함이 생길 수 있으므로 안경형 XR 기기의 아이박스를 확장하는 것은 편의성 관점에서 매우 중요하다.

■ **효율:** 효율은 디스플레이에서 나온 빛이 얼마나 많이 사용자의 눈에 전달되는지를 의미하며, 이는 **배터리 지속 시간 혹은 용량과 연결된다.** 컴바이너의 광 전달 효율을 2배 늘리면 같은 밝기의 화면에서 요구 에너지가 절반으로 줄어들기 때문에 배터리 지속 시간도 2배 늘어나게 된다.

■ **크기와 무게: 심미성 및 편리성과 관계가 있다.** 안경도 착용하는 것이 불편하거나 예쁘지 않아서 렌즈를 끼거나 시력교정 수술을 하는 사람이 많다. 평소에 크고 불편한 XR 글라스를 착용하고 싶어 하는 사람은 많지 않을 것이다.

■ **생산성:** 만들기 쉬워야 한다. 양산하는 것이 어려운 컴바이너는 XR 글라스의 **가격을 높이게 된다.**

앞서 언급한 대로, XR 기기의 컴바이너는 디스플레이 빛의 방향을 바꾸는 역할을 한다. 빛의 방향을 바꿀 수 있는 방법은 무엇이 있을까? 가장 쉽게 떠오르는 것은 '반사'이다. 하지만 거울을 눈앞에

[그림 25] 반투명 거울 컴바이너와 그것을 활용한 제품 시안

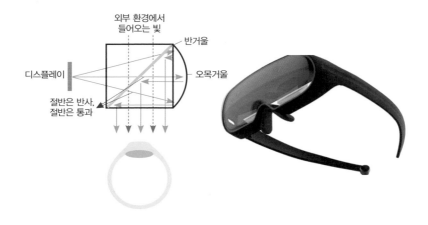

외부 환경에서
들어오는 빛

반거울

디스플레이

오목거울

절반은 반사,
절반은 통과

두면 바깥은 하나도 보이지 않고 내 눈만 보일 것이다. 그래서는 XR
을 구현할 수 없다. 따라서 빛을 절반은 통과시키고 절반은 반사하
는 반투명 거울half mirror이 활용된다([그림 25] 참고). 이론적으로 20%
가 넘는 수준의 효율을 만들 수 있고 시야각도 넓다. 또, 모양 자체
가 간단하기 때문에 생산도 그렇게 어렵지는 않다. 하지만 큰 아이
박스 확보를 위해 반사면이 커지면 크기도 커지고 무거워진다. 커다
랗고 무거운 디바이스를 일상생활에서 활용하려는 사람은 많지 않
을 것이다.

이런 문제를 해결하고자, 통신용 광 케이블과 같은 원리의 광도파
관waveguide를 활용하는 방법이 개발되었다. 디스플레이에서 나온 빛

[그림 26] 광도파관과 넓은 오목 거울을 활용한 반거울 방식의 대체 기술

오목거울

광도파관을 통한
빛의 전달

디스플레이
패널

을 XR 기기의 유리에 가두고 오목 거울을 활용해서 눈으로 빛을 전달하여 문제를 해결한 것이다 ([그림 26] 참고). 이 방식을 사용하면 안경 렌즈처럼 얇은 두께의 유리로 커다란 부피의 반거울을 대체할 수 있게 된다. 대표적인 예가 [사진 16] 왼쪽의 엡슨의 스마트 글라스 모베리오 시리즈였다. 하지만 이 기술을 사용하게 될 경우 [사진 16]의 오른쪽과 같이 사용자의 동공이 반거울에 의해 막히게 되어 맞은편 사람과 아이 컨텍트를 할 수 없다. XR 기기가 추구하는 핵심

✦ [사진 16] 엡슨의 스마트 글라스 모베리오(좌)과 광도파관 기술 활용 시 발생하는 동공을 가리는 문제(우)

경험을 제한하는 것이다. 또 이 방식으로는 아이박스를 좌우 방향으로 넓힐 수는 있지만, 위아래로는 확장할 수 없다. 이런 1차원 아이박스 확장만 가능하므로 디스플레이를 직사각형으로 설계하거나 반사면 중 일부 영역만 사용하여 정사각형의 콘텐츠를 이용할 수 있다. 그래서 이 방식은 초창기에 사용되었고 지금도 단순 텍스트 정보를 보여주는 저가의 솔루션으로는 이용되고 있다. 하지만 진정한 XR 경험을 위해서는 다른 솔루션이 필요했다.

이에 '회절'이라는 방법으로 빛의 방향을 바꾸려는 노력이 시작되었다. 회절을 이용하면 특정한 패턴을 통해 빛의 방향을 설정할 수 있다. 회절 구조는 매우 얇게 만들 수 있고 어느 정도 생산도 가능

[그림 27] 디지렌즈와 웨이브옵틱스의 회절 기반 아이박스 확장 기술

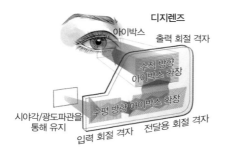

돈이 되는 메타버스

하다. 회절 방식을 활용하면 회절 패턴에 의한 무지갯빛 무아레Moire
생기지만 사용자의 동공을 가리는 문제점은 사라진다. 여기에 광도
파관을 결합하면 2차원 아이박스 확장도 가능하다. [그림 27] 왼쪽
처럼 디지렌즈에서는 가로 방향으로 확장한 빛을 다시 세로로 확장
하는 2단계 과정으로 회절 컴바이너를 설계했다. 스냅에 인수된 웨
이브옵틱스는 2차원 회절 격자를 활용해 아이박스를 좌우, 위아래
방향으로 한 번에 확장하는 방식을 개발했다.

　이러한 장점 덕분에 회절형 컴바이너가 반사형 컴바이너의 단점
을 해결할 수 있다고 여겨졌다. 하지만 개발 과정에서 회절 방식의
문제점도 부각되기 시작했다.
　첫 번째는 시야각이다. 회절은 특정 조건에서 특정 방향으로만 빛
을 움직일 수 있다. 조건을 만족할 수 있는 방향으로만 빛을 전달할
수 있어 이론적으로 시야각의 한계는 50~60° 정도이다. 사람의 시
야각 평균이 135°(안경을 착용할 경우 90~115°) 정도인 것을 고려하면,
부족한 듯 보인다.*
　두 번째는 효율이다. 회절을 활용할 경우에는 우리가 전달하고자

---

* 실제 사람들이 글을 읽을때 필요한 시야각은 10°이다. 가상물체의 모양을 본다고 해도 30°이
　다. 집중해서 초점을 맞추는 부분 이외의 정보는 중요하지 않다는 뜻이다. 시선 추적과 함께
　결합될 경우, 60° 수준의 시야각으로도 XR 경험은 충분할 수 있다. 물론 몰입감이 사용자 경
　험의 핵심이 되는 게임이나 영화에서는 더 넓은 시야각이 필요할 것이다.

하는 빛의 방향이 아닌 다른 방향으로도 분산되어 버려지는 빛이 많아진다. 또한 약간의 파장 차이만 존재해도 빛이 같은 방향으로 움직이지 않는다. 예를 들어, 같은 회절 패턴에도 원색 파란색과 짙은 파란색, 옅은 파란색은 다른 방향으로 움직인다. 레이저와 같이 색깔에 따라서 영역으로 표현되는 협대역Narrow Spectral Bandwidth 디스플레이가 아닌 경우에는 그 효율이 더 낮아질 수 밖에 없다. 그래서 회절형 컴바이너를 활용한 홀로렌즈2에서도 협대역 광원인 레이저를 활용하는 LBS 방식을 선택했던 듯하다.

이 두가지 문제가 물리법칙으로 인해 발생하는 한계라는 점은 회절형 컴바이너에 대한 회의론을 불러일으키기 시작했다. 오히려 반사형 컴바이너에서 언급되었던 문제점은 디자인 문제나 사용자의 편리성에 대한 문제였기 때문에 개선 과정에서 완성도를 높여갈 수 있지 않을까 하는 의견도 제시되었다.

이런 흐름에서, 2021년 5월 이스라엘 스타트업 루머스는 거울을 여러 조각으로 나누어서 배열하는 형태로 아주 얇은 반사형 컴바이너를 만들어냈다([그림 28] 참고). 이를 'ROEReflective Optical Element' 방식이라고 한다. 우선, 반사를 활용하면 파장(색깔)에 따른 선택성이 없기 때문에 색수차 문제에서 자유롭고 광원 선택에도 제약이 없다. 또 회절 격자와 달리 거울은 들어온 빛을 한 방향으로만 보내기

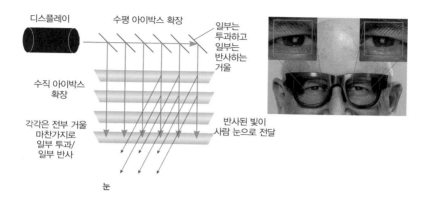

[그림 28] 루머스의 ROE 컴바이너(왼쪽)와 이를 활용한 맥시무스 착용 모습(오른쪽)

디스플레이

수평 아이박스 확장

일부는
투과하고
일부는
반사하는
거울

수직 아이박스
확장

각각은 전부 거울
마찬가지로
일부 투과/
일부 반사

반사된 빛이
사람 눈으로 전달

눈

때문에 효율도 크게 개선된다. 분석에 따르면 10배 가까운 효율 개선이 기대된다. 게다가 거울은 모든 각도에서 들어온 빛을 반사하기 때문에 시야각도 확보된다.

루머스의 컴바이너는 디지렌즈와 유사하게 좌우 방향의 확장 이후에 위아래 방향의 확장도 가능한 형태로 설계하면서 2차원 아이박스 확장을 구현해냈다. 각주에 참조된 칼럼*은 루머스의 맥시무스 Maximus에 사용된 ROE 컴바이너와 MS 홀로렌즈2에 사용된 회절형 컴바이너에 대해 비교하고 있는데, 컴바이너 관련 투자 기회를 찾고

---

* Exclusive: Lumus Maximus 2K x 2K Per Eye, 〉3000 Nits, 50° FOV with Through-the-Optics Pictures (https://kguttag.com/2021/05/24/exclusive-lumus-maximus-2k-x-2k-per-eye-3000-nits-50-fov-with-though-the-optics-pictures)

있다면 참고하기를 추천한다.

ROE 방식도 완벽한 것은 아니다. 빛이 눈으로 전달되는 모든 위

[표 17] 컴바이너 핵심 지표별 개발 현황

종류	반사형		회절형	
	반투명 거울	반사형 평판 컴바이너	회절형 평판 컴바이너	홀로그래픽 컴바이너
제조 방식	비구면 렌즈, 반투명 거울을 직접 배열시킴	서로 다른 반사/투과 비율을 가진 거울들을 접합 후 절단	유리 기판을 패턴 모양으로 깎아서 제작	패턴된 빛을 조사해 회절 격자 제작
시야각	~90°	50~60°	50~60°	50~60°
효율	15% 이상	~10%	5% 미만	5% 미만
크기	매우 두꺼움	컴바이너는 1장 필요(회절형 여러 장 유리와 유사 수준)	RGB 각각의 패턴 유리로 DOE 2장 이상 + 앞뒤 보호 유리 2장 필요	유리사이 포토폴리머 필름 삽입, 최소 3장의 유리 필요
공정 난이도	낮음	반사율이 다른 거울을 각각 만들어 접합하고 제단하는 것의 난이도가 높음	반도체 공정 수준의 나노패터닝 방식으로, 대량 생산 시 수율이 낮음	빛에 반응하는 물질에 대한 신뢰성 확보가 기술적 허들
회사	에브리사이트, 엔리얼	루머스, 옵티번트, 레티널*	뷰직스, 웨이브옵틱스, MS, 디스펠릭스	아코니아(애플), 디지렌즈

* ROE이긴 하나 설명된 제조 방식과 다른 형태며, 시야각 및 효율은 유사 수준이다.

돈이 되는 메타버스

치에서 동일한 밝기를 제공하기 위해서는 각 거울이 서로 다른 투과/반사 비율을 가져야 한다. 모든 거울이 같은 투과/반사 비율을 가진다면, [그림 28]의 컴바이너에서는 오른쪽 아래로 내려갈수록 점점 빛의 세기가 감소하게 된다. 즉, 투과/반사 비율이 다른, 아주 얇은 거울들을 방향의 오차 없이 접합해야 하고 일정한 렌즈 두께로 절단해야 하는 어려운 공정이 있다. 그래서 루머스는 독일의 유리 가공 업체 쇼트와 파트너십을 맺고 공정을 개발했다.

회절형 컴바이너도 잇따른 빅테크들의 투자를 통해 그 성능이 이론적 한계 근처로 점차 향상되고 있다.

2023년, 대부분의 빅테크들이 XR 기기를 발표할 것으로 예상되는 만큼 시장에서는 어떤 컴바이너를 선택할지 주목해보자.

이제 컴바이너 기술의 네 가지 핵심 지표인 시야각, 효율, 크기, 생산성의 현재 수준을 살펴보자.

[표 17]을 통해 확인할 수 있듯, 네 가지 주요 지표에서 소비자의 눈높이를 통과하는 컴바이너는 아직까지 개발되지 않은 상황이다. 이런 문제로 컴바이너 문제는 XR 기기 개발에서 디스플레이와 함께 큰 기술적 난제로 평가되고 있다.

눈여겨보아야 할 점은 MS와 애플 등 글로벌 빅테크들이 회절형 컴바이너를 개발하고 있다는 것이다. 회절형 컴바이너는 두께가 얇

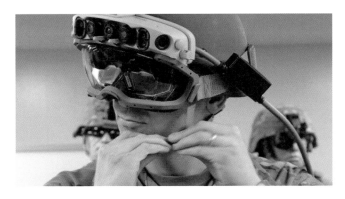

✦ [사진 17] 미국 국방부에 보급된 MS 홀로렌즈

아 기능적인 측면보다 디자인 측면에서 유리하기 때문에, 일반 소비자를 위한 기기에 적합하다. 향후 소비자 디바이스를 주 목표로 하는 글로벌 빅테크들의 컴바이너 연구 현황을 지속적으로 파악하면, 그들이 제공하는 XR 기기의 수준을 미리 가늠해볼 수 있을 수 있을 것이다.

반대로, 디자인을 포기하더라도 증강현실의 효과를 톡톡히 볼 수 있는 국방, 제조(스마트 팩토리) 등의 분야에서는 이미 본격적으로 XR 기기를 도입하기 시작했다. 앞서 말했듯 2021년 3월 미국 국방부가 218억 8000만 달러를 투자해 MS에게 10년 간 홀로렌즈2를 변형한 통합 시각증강 시스템Integrated Visual Augmentation System, IVAS을 공급받기로 계약하면서 전 세계적으로 국방 분야의 XR 기기 침투가 본격적으로 시작되었다. MS는 미국 국방부가 요청한 특수한 센서와 프로세서를 추가해 굉장히 무겁지만 수준 높은 기능을 갖춘 커스텀화된 홀로렌즈를 공급할 것으로 보인다.

제조 분야에서는 미국의 방산업체 록히드 마틴, 항공업체 에어버스 및 보잉, 자동차 업체 BMW 등이 MS 홀로렌즈를 현장에서 활용하고 있다. 제조 분야에서 XR 기기를 착용할 경우 설계 도면을 실제 조립 상황에 바로 대입하여 3차원으로 확인할 수 있어서 작업 시간을 단축하는 동시에 실수도 줄이는 효과를 기대할 수 있다.

의료 분야에서도 XR 기기는 높은 효용 가치를 보여주고 있다. 다른 전공 분야 의료진들이 협진을 할 때 유용하고 환자의 영상 데이터(CT, MRI 등)를 실시간으로 환부에 투영시킴으로써 수술의 정확도 및 속도도 높일 수 있는 장점이 있다. 미국의 어그메딕스는 척추 시

✦ [사진 18] 에어버스의 홀로렌즈 증강현실 활용 사례

✦ [사진 19] 어그메딕스의 엑스비전 소개

술 과정에서 전체 수술 흐름도를 실시간으로 환부에서 확인할 수 있는 엑스비전xvision을 개발했다. 엑스비전을 사용하면 의사는 수술 설계도와 현재 수술 도구의 위치를 실시간으로 확인할 수 있어 안전하고 빠른 수술이 가능하다. 생생한 활용 장면을 보려면, [사진 19] 옆의 QR 코드 속 영상을 확인해보기 바란다.

국내에서는 스타트업 피앤씨솔루션이 국내 최초로 반사형 컴바이너 기반의 XR 기기 완제품을 개발하는 데 성공했다. 피앤씨솔루션은 B2B XR 기기 시장에서 가장 핵심이 되는 역량은 '커스텀화'라고 판단하고 있다. 국방 분야에서 필요로 하는 XR 기기 센서의 스펙과 제조 분야에서 필요한 스펙이 다르다는 것이다(제조 분야 내에서도 공장마다 달라지게 된다). 이러한 판단 아래, 피앤씨솔루션은 확장성 높

돈이 되는 메타버스

은 디바이스 플랫폼을 개발해 국방(H사, S사 등), 제조(L사, K사 등), 의료(M사*)와 같이 메타버스가 활용될 수 있는 다양한 산업 분야에 XR 기기를 접목시키며 사업 영역을 확장하고 있다. 피앤씨솔루션 외에 XR 컴바이너의 아이디어로 디바이스 샘플을 만들고 있는 레티널, 프라젠, 페네시아 등도 2022년 가을에는 XR 기기를 판매하려고 노력을 기울이고 있다. 폭발적인 성장이 기대되는 글로벌 엔터프라이즈(B2B) 메타버스 시장에서 국내 스타트업들이 의미 있는 역할을 수행할 수 있도록 응원하고 기대해보자.

---

* M사와 협력해 개발한 피앤씨솔루션의 수술용 XR 기기는 2021년 7월 국내 XR 기기 중 최초로 의료기 인허가를 받았다.

☑ 간단 요약

XR 글라스의 안경 같은 투명 렌즈는 '컴바이너'라는 다소 복잡한 구조에 의해 외부 풍경과 디스플레이 정보를 우리 눈에 전달한다.

현재 기술의 컴바이너는 디스플레이의 광을 반사시켜 눈으로 보내는 반사형과 회절 패턴을 이용해 눈으로 전달하는 회절형으로 나뉜다. 구조가 단순한 반사형은 상대적으로 부피가 크다. 반면, 빅테크들이 관심을 갖는 회절형은 얇고 전면 풍경 투과도가 높다.

하지만 회절형은 광전달 효율이 낮아, 현재의 기술로는 외부에서 들어오는 빛이 많은 야외에서의 XR 기기 착용을 어렵게 하고 있다. 반사형으로 2차원 아이박스 확장을 구현한 루머스는 회절형과 같은 투명하고 얇은 컴바이너를 개발하였다.

🎯 투자 포인트 1

일반 소비자용 XR 글라스를 만들어내려면 얇고 가벼운 컴바이너 개발은 필수다. 각 방식들의 단점이 명확한 만큼 가장 빨리 단점을 개선하거나 양산 수율을 확보하는 기업에 투자하는 것이 좋을 것이다.

안경을 쓰지 않기 위해 라식, 라섹 등의 수술을 하는 시대이다. 안경 형태의 XR 기기가 불편하거나, 무겁거나, 예쁘지 않으면 일반 사용자들에게 선택받기 어려울 것이다. 따라서 얇고 가벼운 컴바이너를 만들어야 한다. 두께를 얇게 유지한 채 기능 지표인 광효율과 시야각, 가격 지표인 생산성을 높은 수준으로 끌어올려야 한다. 조건을 만족시킬 수 있는 회절형 컴바이너와 반사형 ROE 컴바이너가 최종 후보군으로 정리되는 중이다. 두 기술의 개발 흐름을 이해하면 B2C XR 기기의 성능과 시장 침투 시점을 점쳐볼 수 있을 것이다.

⚐ 투자 포인트 2

타 기업들보다 앞서가는 엔터프라이즈(B2B) 메타버스용 XR 글라스 기업을 찾아 투자해보자.

빅테크 중에서는 MS가 먼저 엔터프라이즈 플랫폼을 선점하고 있다. 국내에서는 아직은 비상장 스타트업이지만, 2020년부터 XR 기기를 양산하고 있는 피앤씨솔루션의 행보를 주의깊게 보자.

인터페이스 : 웨어러블 메타버스 속에서는 어떻게 소통할까?

　데스크톱 컴퓨터 기반의 환경에서 사람은 키보드와 마우스를 활용해 소통했다. 용도에 따라 달라졌지만, 대체적으로 키보드는 언어적인 표현을 대변했고, 마우스는 컴퓨터 속의 물체를 조작하기 위해 사용되어왔다. 스마트폰 세대로 넘어올 때 키보드는 유지되었지만, 마우스는 터치 인터페이스가 대체하며 보다 직관적으로 컴퓨터 속 물체를 조작할 수 있게 되었다. 그 후 애플이 '시리Siri'를 본격적으로 제공하면서, 키보드 대신 목소리를 활용한 소통이 점차 열리기 시작했다.

　그다음 세대 VR/AR 기기를 기반으로 하는 웨어러블 메타버스에서는 '현실과 동일한 방식의 소통'을 구현할 수 있을 것으로 기대된다. 목소리를 활용해 언어적인 표현을 전달하고, 복잡하고 입체적인 손동작을 활용해 컴퓨터 속의 물체와 상호작용할 수 있을 것이다. 또한 다른 사용자와 대화할 때 표정과 시선, 손짓을 동원해 좀 더 입체적으로 소통할 수 있을 것이다. 여기서는 이렇게 현실과 구분하기 어려운 소통 방식을 가능케 하는 기술에 대해 설명한다.

소통의 종류

메타버스 속에서의 소통은 크게 세 가지로 나누어질 것으로 보인다.

1] 컴퓨터의 기능 수행을 위한 명령

'복사하기' 명령은 키보드 'Ctrl+C'를 눌러 전달할 수 있다. 이처럼 컴퓨터에게 특정한 기능을 요청하는 소통이 첫 번째이다.

2] 메타버스 속 NPC와의 대화

AI를 기반으로 한 NPC가 메타버스 속에 많이 생겨날 것이다. 특정한 대화만을 나눌 수 있는 NPC도 있겠지만, 영화 「프리 가이Free Guy」에서와 같이 자의식을 가지거나, 영화 「그녀Her」에서와 같이 감정적인 대화가 가능한 NPC도 등장할 것으로 보인다.

기존의 메신저, 전화, 영상 통화 등을 통한 대화는 한계점이 명확했다. 가장 풍부한 정보를 전달했던 영상 통화도 3차원의 실감나는 대면 환경을 만들어주지는 못했다. 메타버스는 마치 대화하는 상대방이 내 옆에 있는 것과 같은 몰입감을 제공할 것이다.

---

(1) 목소리를 활용한 언어적인 표현 전달: 대화형 AI 기술

소통 과정에서 인간이 가장 많이 사용하는 매체는 목소리이다. 인간이 다른 동물과 크게 차별화되는 이유 중 하나가 바로 복잡한 언어와 이를 전달할 수 있는 구강 구조임을 상기하면, 목소리가 소통에서 차지하는 비중을 이해할 수 있다. 따라서 목소리를 활용한 소통은 현실세계와 다름없는 메타버스 경험을 위해 필수적으로 제공되어야 하는 기능이다.

목소리를 통해 소통하기 위해서는 어떤 기술이 필요할까? 컴퓨터가 인간의 언어를 처리하는 방식은 마치 한국인이 영어나 중국어 등의 외국어를 받아들이는 방식과 굉장히 유사하다. 이 기술들이 적용되는 과정은 크게 [그림 29]와 같이 세 단계로 나누어볼 수 있다.

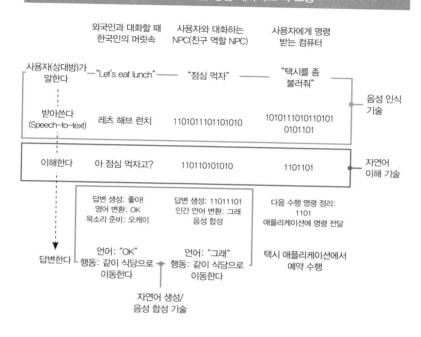

[그림 29] 목소리를 통한 메타버스 속 소통

단계 ① 음성 인식

첫 번째는 오디오로 들어오는 사람의 목소리를 텍스트로 이해하는 음성 인식 기술이 사용되는 단계이다. 간단히 말해 사람이 말한 내용을 받아쓰는 기술이다. 음성 인식 기능은 아주 오래전부터 개발되어온 만큼, 기술의 성숙도가 높은 편에 속한다.

하지만 소음 사이에서 사람의 목소리를 찾는 일은 굉장히 난이도가 높다. 주변 환경에 따라 소음이 판이하게 바뀌기 때문에 음성 인식 기술은 사용하는 장소에 따라 성능이 크게 저하될 수 있다. 실제로 애플의 시리나 삼성의 빅스비를 지하철에서 사용하기는 어렵다. 이런 문제를 해결하고자 AI를 통해 소음으로 분석되는 소리를 제거하는 등 효과적으로 소음을 없애는 방식을 찾고 있다. 최근에는 입 근육의 움직임을 포착하는 기기나 골전도 마이크 등 새로운 개념의 하드웨어를 활용하려는 움직임도 확인된다. 기존 마이크에서 수집한 음성과 새로운 하드웨어에서 수집한 독특한 형태의 다른 데이터를 교차 확인하는 방식으로 사람 목소리를 보다 정확하게 추출하려는 것이다.

단계 ② 자연어 이해

받아쓰기를 마무리하면, 그 문장이 무슨 의미인지를 해석해야 한다. 이 기술을 '자연어 이해Natural Language Understanding, NLU'라고 부른다. 컴퓨터는 텍스트를 숫자의 나열로 받아들이기 때문에 인간의 언어를 쉽게 이해하지 못한다. 인간은 정말 쉽게 I'm hungry와 I'm Hungry가 같다고 인식하지만, 컴퓨터는 다른 숫자열로 받아들인다([표 18] 참고). 같은 단어도 다르게 이해한다는 뜻이다. 또한 컴퓨터는 같은 단어도 문맥에 따라 다른 의미가 될 수 있다는 것을 이해하지 못한다. 그럼에도 불구하고, 최근에는 어마어마한 양의 데이터를 기반으로 복잡한 언어 AI 모델을 훈련하는 데 성공한 사례가 발표되고 있다. 구글의 버트BERT, 오픈AI의 GPT-3 모델과 같은 트랜스포머

[표 18] 인간과 컴퓨터가 언어를 이해하는 방식

인간이 보는 문자	컴퓨터가 보는 문자
I'm hungry	00490027006d **0068**0075006e006700720079
I'm Hungry	00490027006d **0048**0075006e006700720079

기반의 언어모델이 엄청난 성능을 보여주며, 자연어 이해의 영역은 점차 AI가 점령해가고 있는 것으로 보인다.

단계 ③ 자연어 생성/음성 합성

내용을 이해하고 나면 이제 답변을 해야 한다. 컴퓨터가 직접 언어를 만들어내기 때문에, 이는 '자연어 생성Natural Language Generation, NLG'이라고 부른다.

현재 대화형 AI가 가장 큰 어려움을 겪고 있는 분야가 바로 이 답변을 찾는 영역이다. 앞서 자연어 이해의 영역은 점령되어가고 있다고 했다. 그럴 수 있던 가장 큰 이유는 뉴스 기사부터 시작해 논문, 책과 같이 검증된 데이터가 자연어 이해 AI 훈련에 활용될 수 있기 때문이다. 마찬가지로 일반적인 문서를 위한 자연어 생성 기술도 고도화하고 있다.

하지만 사람들의 대화를 기록해놓은 데이터는 많지 않다. 그러다 보니, 대화를 위한 자연어 생성 알고리즘은 고객 상담 센터와 같은 곳에서 특정된 기능은 충분히 수행하고 있지만, 일반적인 대화에서는 만족스러운 사용자 경험을 제공하지 못하고 있다.

국내 기업 스캐터랩은 이런 문제를 해결하고자 '이루다'를 개발하였다. 이루다는 인간과 유사한 수준의 대화를 통해 감정적인 소통을 할 수 있는 AI라는 점에서 많은 관심을 받았다. 그런데 수집했던 데이터 중에 좋지 않은 데이터가 많이 숨어 있었다. 비속어나 특정 집단을 비하하는 등의 내용을 전부 정제하지 못한 상태에서 AI를 훈련했던 것이다. 그래서 이루다는 대화 과정에서 사람들에게 불편한 말들을 하곤 했고, 수많은 논란 속에서 서비스를 종료하게 되었다.[*]

여기서 가장 핵심은 데이터이다. 한국판 'MIT 테크놀로지 리뷰MIT Technology Review' 사이트에 기고된 칼럼에 따르면, 스캐터랩은 이루다를 훈련하기 위해 무려 100억 건의 메신저 데이터를 모았다. 그중 이름, 주소 등의 개인정보를 삭제하고도 1억 건의 데이터가 남아 있었다.[**] 이 정도 양의 데이터 중에서 오타, 정형화되지 않은 채 흩어진 개인정보, 특정 방향에 극단적으로 치우친 의견 등을 모두 사람의 힘으로 제거하는 것은 거의 불가능에 가까운 일이다.

이루다는 분명 멋진 이상향을 바라보고 시작된 프로젝트였다. 하지만 '데이터의 벽'에 가로막히고 말았다. 한편 구글은 2021년 개발

---

[*] 그 외에도 의도적으로 이루다에게 성적 비하 발언을 하거나 특정 발언을 요구하거나 유도하는 등의 문제점도 함께 대두되었다. 사람이 아닌 AI라는 이유로 도덕적 기준을 넘어서는 대화가 허용되는지에 대한 심도 깊은 사회적 논의가 필요한 상황이다.

[**] 최은창, 「AI 챗봇은 왜 실패하는가: 이루다가 남긴 과제」, MIT 테크놀로지 리뷰, 2021.3.20

돈이 되는 메타버스

자 컨퍼런스 I/O에서 대화언어 모델 LaMDA_{Language Model for Dialogue} Applications를 공개했다.[*] 늘 그래왔듯 구글은 LaMDA를 모든 연구자들이 사용해보고 검증할 수 있도록 오픈 소싱했다. 전체 커뮤니티와 함께 소통하면서 미처 파악하지 못했던 취약점을 확인하고 해당 모델을 발전시킬 수 있는 창의적인 방법을 찾아나가기 위함이다. 이전 자연어 이해 분야의 버트도 구글에서 만들었다. 이때에도 오픈 소싱을 통해 많은 연구자들이 함께 자연어 이해의 수준을 한 단계 끌어올렸다. 이러한 사실을 돌아본다면, LaMDA를 통한 대화형 AI 역시 눈에 띄게 발전알 것으로 기대해볼 수 있겠다.

목소리라는 도구는 인간에게서 빼놓을 수 없는 소통의 수단이다. 따라서 현실과 구분하기 어려운 메타버스를 만들기 위해서는 목소리를 활용한 소통이 필요하다. 빅테크들은 목소리를 활용한 소통의 편리성을 인지하고, 사람들에게 이를 제공하기 위해 오래전부터 전략적인 투자를 지속해왔다([표 19] 참고). 가장 최근에는 MS가 197억 달러(약 22조 1200억 원)를 투자해 애플의 시리엔진을 개발했던 뉘앙스 커뮤니케이션을 인수했다. MS의 핵심 애플리케이션 팀스의 활용성을 보다 높이기 위한 움직임으로 해석된다. 이러한 빅테크들의 동향은 창의적인 아이디어로 대화형 AI를 개발하는 스타트업에 유의미

*   Eli Collins 외, "LaMDA: our breakthrough conversation technology", Google Blog

[표 19] 대화형 AI 개발 스타트업에 대한 빅테크들의 M&A 및 투자

빅테크	대화형 AI 개발 스타트업	M&A 및 투자
구글	몹보이(Mobvoi)	투자, 2015
	에이피아이ai(API.ai)	인수, 2016
	고모먼트(GoMoment)	투자, 2018
	유젯(UJET)	투자, 2018, 2020, 현재 구글 클라우드 플랫폼에서 활용
아마존, 구글	펄스랩스(Pulse Labs)	투자, 2018
MS	말루바(Maluuba)	인수, 2017
	시멘틱 머신스(Semantic Machines)	인수, 2018
	뉘앙스 커뮤니케이션즈 (Nuance Communications)	인수, 2021
애플	노바우리스 테크놀로지스 (Novauris Technologies)	인수, 2014

한 투자 기회가 있음을 보여준다.

(2) 입체적인 손동작을 활용한 소통: 손 추적 기술과 제스처 인식 기술

현실세계에서 소통하는 과정 중 우리가 가장 많이 활용하는 또 다른 매개체는 '손'이다. 목소리와 함께 다른 동물들과 다른 인간의 또 다른 특성 중 하나가 바로 손을 자유자재로, 또 섬세하게 활용할

210

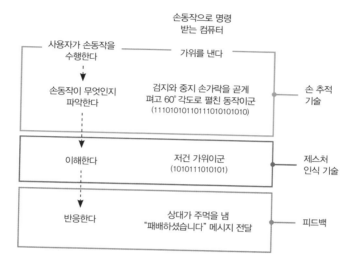

[그림 30] 손동작을 통한 메타버스 속 소통

손동작으로 명령
받는 컴퓨터

사용자가 손동작을
수행한다

가위를 낸다

손동작이 무엇인지
파악한다

검지와 중지 손가락을 곧게
펴고 60° 각도로 펼친 동작이군
(11101010110111010101010)

손 추적
기술

이해한다

저건 가위이군
(1010111010101)

제스처
인식 기술

반응한다

상대가 주먹을 냄
"패배하셨습니다" 메시지 전달

피드백

수 있다는 점이다. MS의 홀로렌즈에서도 손을 활용해 다양한 애플리케이션을 활용할 수 있는 인터페이스를 제공한다. 사람의 손을 활용해 메타버스와 상호작용하는 과정은 목소리로 소통하는 대화형 AI가 거치는 단계와 매우 비슷하다. 즉, 첫 번째로 손의 움직임 자체를 감지하고, 두 번째로 그 움직임의 의미를 파악하고, 세 번째로 이에 따라 명령을 수행하거나 피드백을 주는 단계로 이루어지는 것이다([그림 30] 참고).

단계 ① 손 추적

대화형 인공지능에서 '음성 인식'에 해당하는 단계이다.

현재까지는 손의 움직임을 추적하기 위해 주로 장갑 등의 웨어러블을 활용하고 있다. 관성 측정장치 IMU(Inertial Measurement Unit) 센서를 손가락, 관절, 손바닥 위치에 부착하여 손의 움직임을 추적한다. 하지만 IMU 센서는 오차가 발생하고 시간이 지나면서 그 오차가 누적된다는 문제가 있다. 또 웨어러블을 착용하는 것은 사람들에게 불편함을 느끼게 하기 때문에 일상생활 속에서 활용되기는 어려울 가능성이 크다.

일상생활에서 편리한 경험을 제공하기 위해 카메라, 라이다(Part 3 5장 [그림 31] 참고)와 같은 이미지 센서를 활용하는 방법이 개발되고 있다. 2021년 4월에는 애플에서 일반 카메라가 아닌 적외선 카메라를 활용해 손의 움직임을 추적하는 특허를 출원했다.* 이미지 센서를 활용하는 것이 편안한 경험을 제공하는 핵심적인 방법임은 틀림없지만, 해결해야 할 문제가 많다.

첫 번째는 손의 움직임이 센서의 측정 범위를 넘어서는 경우에 대한 문제이다. 예를 들어, 메타버스 속에서 헤어 스타일을 조정하려면 손을 머리 위로 가져가야 한다. 하지만 그러면 XR/VR 기기의 이미지 센서는 측정 범위를 벗어난 손을 확인할 수 없다.

---

* Jake Hertz, "Apple and Facebook Compete to Create a More Natural AR/VR Experience", All About Circuits

두 번째 문제는 손이 이미지 센서 범위 안에 있더라도 손의 모든 움직임이 보이지는 않는다는 것이다. 예를 들어, 가위바위보 게임을 하며 주먹을 냈다고 생각해보자. 그러면 카메라가 이미지를 통해 확인할 수 있는 부분은 손등뿐일 수도 있다. 손등 아래로 겹쳐진 손가락들이 카메라 반대편에 있게 되면, 그게 주먹을 쥔 모양인지 다른 모양인지 확인하기 어렵다.* 다행히 이 두 가지 문제는 굉장히 특수한 상황에 속해 일반적인 사용자 경험에 큰 영향을 끼치지 않을 것으로 보인다.

마지막으로 가장 큰 문제는 발생하는 데이터가 크고, 배경 화면과 다른 사람들의 손을 제외한 사용자 손의 움직임만을 포착하기 위한 연산 과정도 굉장히 무겁다는 점이다. 모든 상호작용의 핵심은 '실시간'이다. 데이터의 크기가 커지고 처리해야 할 연산이 복잡해지면 자연스럽게 실시간 상호작용이 어려워진다. 설령 엄청난 수준의 반도체 칩이 개발되어 속도 문제를 해결한다고 하더라도, 배터리가 빠르게 소모될 가능성이 높다.

이런 상황에서 새로운 아이디어가 제안되었다. 손목의 신경과 근

---

* 이런 경우에 손의 움직임을 어떻게 추적할 수 있을까? 2019년 구글에서 공개한 머신러닝 기반의 알고리즘은 손바닥을 우선 확인하고, 이를 기반으로 손바닥과 연결된 손의 키포인트들을 찾아낸다. 키포인트들은 손가락의 관절과 손끝이 된다. 이 알고리즘은 이전 프레임 키포인트 움직임의 흐름을 기반으로 현재 프레임 키포인트 위치를 지정하기 때문에, 카메라를 통해서 정확하게 측정되지 않아도 손의 움직임을 이해할 수 있다고 한다.
(Google MediaPipe: https://google.github.io/mediapipe/solutions/hands.html)

육에서 발생하는 전기 신호를 측정해 손의 움직임으로 바로 변환하는 기술이다. 2차원의 수백만 개 픽셀로 이루어진 이미지보다 훨씬 적은 양의 데이터로 손의 움직임을 추적할 수 있으며, 이에 따라 추적 속도가 엄청나게 빨라진다. 이처럼 신경에서 발생하는 신호를 그대로 활용해 컴퓨터와 소통하는 것을 '두뇌-컴퓨터 인터페이스Brain Computer Interface, BCI'라고 한다. BCI 아이디어를 기반으로 손 움직임을 이해하는 데 성공한 컨트롤랩스는 2019년 페이스북(현 메타)에 인수되었다(인수액은 약 6천억 원~1조 2천억 원으로 파악된다).[*] BCI 기술은 단순히 손의 움직임만을 추적하는 데 그치지 않고 다양한 상호작용의 중요한 방법이 될 것으로 보이는데, 이는 추후에 좀 더 상세하게 다루도록 하겠다(Part 3 9장 참고).

단계 ② 제스처 인식

대화형 AI에서 '자연어 이해' 기술에 해당하는 단계이다.

손의 움직임을 정확하게 감지했다면, 이를 사람의 맥락에서 이해해야 한다. 예를 들어, 검지와 중지를 60° 정도의 각도로 곧게 펴고 나머지 세 손가락을 모으는 움직임을 감지했다면 그것을 '가위'라고 이해해야 하는 것이다.

사람이 손을 통해 보여줄 수 있는 움직임은 무한하다. 또 손의 움

---

[*] Nick Statt, "Facebook acquires neural interface startup CTRL-Labs for its mind-reading wristband", The Verge

돈이 되는 메타버스

직임은 앞뒤의 연결성도 굉장히 중요하다. 예를 들어, 공을 던지는 움직임은 한 순간만으로 표현할 수 없다. 게다가 상황과 문화에 따라 같은 손동작도 다른 의미를 가질 수 있다. 앞서 '가위'라고 인식했던 손동작도 상황에 따라 '승리의 브이v'가 될 수도 있다. 따라서 모든 일반적인 손의 움직임을 이해하는 것은 아직은 시간이 더 필요한 난이도 높은 기술이다.

이런 상황에서는 아주 적은 수의 손동작만을 활용해 효율성을 극대화하는 방법을 생각해볼 수 있다. 터치 스크린에서 옆으로 사진을 넘기거나, 확대·축소를 할 때 손동작처럼 아주 간단하면서도 직관적인 동작 몇 개 만으로도 사용자들은 훨씬 매끄럽게 메타버스와 상호작용할 수 있을 것이다.

이런 '제스처 인식' 기술은 애플리케이션마다 특수하게 준비되어야 할 것으로 생각된다. 제공하고자 하는 기능에 따라 필요로 하는 손동작이 달라지기 때문이다. 가위바위보 애플리케이션에서는 가위, 바위, 보의 움직임을 이해하면 되고, 총을 쏘는 일인칭 슈팅 게임에서는 방아쇠를 당기는 움직임과 총을 장전하는 움직임을 이해하면 된다. MS 팀스의 메시 같은 업무용 애플리케이션에서는 가상의 물체를 잡아서 옮기는 손동작처럼 조금 더 섬세한 동작을 이해해야 할 것이다.

웨어러블 메타버스 시대의 사용자들은 같은 내용의 서비스 중에서도 제스처 인식을 통해 편리하게 기능에 접근할 수 있는 서비스를 선택할 가능성이 높다. 이에 따라 서비스 개발 기업에서 필요로 하는 제스처 인식 소프트웨어 솔루션을 만드는 기업에 투자 가치가 있을 것이다.

단계 ③ 피드백 대화형

AI에서 '자연어 생성/음성 합성' 기술에 해당하는 단계이다.

손의 움직임을 이해했다면, 다음은 메타버스가 반응해야 한다. 사용자가 가위를 냈고 상대방이 주먹을 냈다면, 메타버스는 '사용자가 패배했다'고 알려주어야 한다. 이 단계에서는 이렇게 명확하게 정의한 제스처에 따른 애플리케이션의 다음 움직임이 매끄럽게 수행되어야 한다. 이에 따라 메타버스 속 새로운 3차원 공간을 효과적이고 창의적으로 활용해 사용자를 매료할 수 있는 UX 디자이너를 선점하는 일이 중요할 것이다.

초기에는 보다 명료한 피드백이 필요하겠지만, 점차 섬세한 표현에 대한 니즈가 증가할 것이다. 메타버스 속 반려견을 데려와, 옆에 앉혀놓고 쓰다듬는다고 생각해보자. 반려견의 털은 사용자의 손의 위치와 움직이는 속도에 따라 섬세하게 한 올 한 올 움직여야 할 것이다.

이처럼, 손을 활용한 상호작용 기술은 웨어러블 메타버스의 상용화 초기에는 특정 서비스의 효율성을 극대화하고, 점차 가상과 현

216

실을 구분할 수 없을 정도의 섬세한 상호작용을 개발하는 방향으로 발전할 것으로 보인다.

(3) 비언어적 표현과 몸짓의 활용: 아바타 기술

메라비언의 법칙The Law of Mehrabian에 따르면, 사람이 소통 과정에서 가장 많은 정보를 얻는 것은 목소리의 내용이 아닌 시선, 표정, 손짓 등의 시각적 비언어 표현이다. 익명성이 보장된 공간에서 이런 비언어 표현을 전달하기 위한 방법으로 메타휴먼이나 아바타와 같은 기술이 언급되고 있다. 메타버스 속 3차원의 아바타가 상대방의 비언어 표현을 그대로 따라하면, 사용자는 상대방이 바로 내 옆에 있는 것처럼 느끼며 대화할 수 있을 것이다. 이에 관심을 가지고 메타(페이스북),[*] MS,[**] 엔비디아,[***] 에픽게임즈의 언리얼 엔진[****] 등이 관련한 기술을 개발하고 있다. 특히 메타, MS, 엔비디아는 약속이라도

[*] Mitchell Clark, "Amid the fluff, Meta showed an impressive demo of its Codec Avatars", The Verge

[**] Tom Warren, "Microsoft Teams enters the metaverse race with 3D avatars and immersive meteings", The Verge

[***] "NVIDIA Announces Platform for Creating AI Avatars", NVIDIA Newsroom

[****] 언리얼 루멘 공식 문서(https://docs.unrealengine.com/5.0/en-US/RenderingFeatures/Lumen/)

한 듯 2021년 10월 말부터 11월 초까지 일주일 사이에 아바타 기술에 대해 발표하기도 했다. 이런 움직임은 향후 메타버스 공간에서 아바타가 소통 매개체로 중요한 역할을 할 것임을 암시한다. 아바타가 활용될 분야와 미래 아바타 기술의 발전 방향은 Part 2의 3장에 보다 상세하게 설명되어 있다.

간단 요약 및 투자 포인트

☑ 간단 요약

웨어러블 메타버스 시대에는 현실에서와 같은 방식으로 컴퓨터와 소통하게 될 것이다. 인간이 소통하는 과정에서 가장 많이 사용하는 목소리, 손, 그 외 각종 비언어적 표현을 그대로 컴퓨터에서 적용하기 위해 대화형 AI, 손 추적 및 제스처 인식 기술, 아바타 기술이 개발되고 있다. 각각의 기술이 개발되면서 점차 메타버스 속 사람들의 행동이 현실세계와 비슷해질 것이다.

👅 투자 포인트 1

대화형 AI와 제스처 인식 기술에 기반해 새로운 UX를 디자인하는 서비스 기업에 주목하자. XR/VR이 확산되는 과정에서 시장을 선점할 것이다.

XR/VR 기기가 상용화되기 시작하면서 이에 특화된 서비스가 개발될 것이다. 특히 넓어진 스크린, 3차원으로 확장된 공간을 흥미롭게 활용하는 서비스가 사용자들의 이목을 집중시킬 것이다. 이에 따라 이전과는 달라진 환경에 최적화된 서비스를 디자인하는 기업들에 유의미한 투자 가치가 있다.

변화와 함께 당연히 새로운 인터페이스의 활용에 대한 수요가 생긴다. 하지만 모든 서비스 개발 기업이 대화형 AI와 제스처 인식 기술을 개발할 수는 없다. 따라서 이 기술을 소프트웨어 솔루션 형태로 공급하는 기업에 투자 기회가 있을 것으로 보인다.

공간 매핑과 장면 이해 :
메타버스 속 반려견이
소파에 앉아 있게 하려면?

미디어에서도, 지금 이 책에서도 AR과 XR이라는 용어가 번갈아 사용되고 있다. Part 1의 1장에서 언급했던 이 용어들을 좀 더 구분해서 살펴보자. AR_Augmented Reality은 증강현실을 의미하는 용어로, 현실세계 위에 가상의 데이터를 '오버레이'한다는 개념이다. 이런 '오버레이'된 데이터가 현실세계와 함께 상호작용할 경우 이를 확장현실, 즉 XR_eXtended Reality이라고 한다.

현실세계와 가상의 데이터가 상호작용한다는 것은 어떤 의미일까? 메타버스 속에서 반려견 '루비'를 기르고 있다고 생각해보자. 일을 마치고 집에 들어와 루비를 자유롭게 풀어주면, 루비는 거실

돈이 되는 메타버스

을 여기저기 거닐기도 하고 피곤하면 소파 위에 편안히 누워 잠들 수도 있다. 하지만 루비는 절대 소파 사이를 통과해서 지나가면 안 된다. 현실세계에서 강아지가 소파를 통과하는 것은 불가능한 일이기 때문이다. 이처럼 현실세계 속 소파라는 물체를 이해하고, 이에 따라 가상의 데이터가 적합한 위치와 상황에 투영되는 것이 현실과 가상의 상호작용이다. 어떻게 보면, 진정한 의미의 메타버스는 XR과 가장 유사하다고 할 수 있을 것이다.

그렇다면 XR을 구현하기 위해 가장 필요한 기술은 무엇일까? 현실세계와 가상의 데이터가 매끄럽게 상호작용하기 위해서는 첫째, 주변 공간을 3차원으로 인식하는 공간 매핑 기술, 둘째, 매핑 된 공간에서 특정 위치에 무엇이 혹은 누가 있는지를 이해하는 장면 이해Scene Understanding 기술이 필요하다.

(1) 공간 매핑 기술

공간 매핑 기술은 주변 공간의 '본을 뜨는 기술'이라고 생각하면 된다. 사용자가 착용한 XR 기기를 중심으로 얼마나 떨어진 곳에 물체가 있는지를 측정하는 기술이다. '루비'가 현실세계의 물체를 통과하지 않기 위해서는 XR 기기와 물체가 얼마나 떨어져 있는지 알고 있어야 한다. 매핑 기술을 통해 XR 기기는 물체의 존재와 그 위

✦ [사진 20] 부정확한 SLAM 기술로 인해 발생하는 문제점

치는 알지만, 아직 물체가 무엇인지 이해하지는 못한다.

　공간 매핑 기술이 완벽하게 구현되지 않으면, 메타버스와 현실의 상호작용이 오히려 괴리감을 만든다. QR 코드에 참조된 링크는 미국 풋볼 캐롤라이나 팬서 팀에서 제작한 XR 비디오이다. 가상의 객체인 팬서 동상이 살아 있는 것처럼 경기장을 움직이는 영상인데, 영상 속에 옥의 티가 있다. [사진 20]은 영상의 48초 구간을 캡처한 사진이다. 흑표범이 멋있게 전광판 위에 올라갔는데, 발이 둥둥 떠 있다. 매핑을 통해 주변 공간을 정확하게 이해하지 못하면, 이처럼 XR 환경은 현실에서 받아들일 수 없는 장면을 연출하게 될 것이다.

돈이 되는 메타버스

공간 매핑을 구현하기 위해서는 주변 공간의 정보를 수집하는 센서가 필요하다. XR 생태계에서는 카메라와 라이다 두 가지 센서가 가장 핵심으로 거론되고 있다.

인간은 눈을 통해 평면적인 정보를 받아들이지만, 두 개의 눈이 있는 덕분에 3차원으로 공간을 구성할 수 있게 된다. 이와 마찬가지로, 여러 대의 카메라를 활용하면 주변 공간을 3차원으로 인식할 수 있다. 자율주행 분야에서 테슬라가 펼치고 있는 전략이다. 2021년 8월 진행됐던 테슬라 AI 데이에서 테슬라는 카메라를 통해 주변 환경을 이해하는 알고리즘을 자세히 설명했다. 메타버스와 관련해서는 메타(페이스북)가 카메라에 기반한 매핑 기술을 구현하기 위해 2020년 9월부터 '프로젝트 아리아'를 수행하고 있다. 이렇게 카메라를 활용해 공간 매핑을 구현할 경우, XR 기기에는 최소 2개 이상의 공간 매핑용 카메라가 별도로 필요해진다. 현재 스마트폰용 카메라 모듈을 개발하는 업체들이 XR 기기용 카메라 시장에 뛰어든다면 시장을 2~3배 늘릴 수 있게 된다. 업계에 따르면 공간 매핑용 카메라는 초소형, 고속 스트리밍 촬영, 넓은 화각(광각) 세 가지 스펙을 필요로 한다. 현재까지는 중국의 옴니비전이 이와 같은 스펙의 흑백 카메라를 공급하고 있는 것으로 파악된다. 엠씨넥스, LG이노텍, 삼성전기 등 국내 기업들이 공간 매핑용 카메라를 개발하기 시작하면 새로운 성장 모멘텀이 될 것으로 기대된다.*

　라이다Light Detection And Ranging, LiDAR 센서는 [그림 31]과 같이 빛을 보내고, 벽이나 물체 등에 맞고 반사되어 돌아오는 빛을 감지하여 거리를 측정하는 ToFTime of Flight 센싱 기술을 활용한다. 라이다 센서는 ToF 방식으로 모든 각도를 스캔해 3차원 공간을 재구성한다. 자율주행 생태계에서 구글의 웨이모, GM 크루즈 등이 활용하고 있는

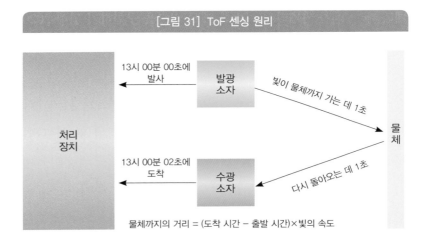

[그림 31] ToF 센싱 원리

* 카메라의 핵심 부품인 이미지 센서, 광학 부품 등에도 전반적인 투자 기회가 있을 것이다. 예를 들어 XR 기기를 착용한 사용자가 머리를 계속해서 움직일 것이기 때문에, 카메라의 떨림 방지용 부품이 필요하다. 국내 기업 자화전자는 손떨림 방지를 위한 부품을 애플에 공급할 것으로 보이며, 향후 XR 기기에서도 수요가 증가하게 되면 역시 새로운 성장 모멘텀을 기대해볼 수 있을 것이다.

　　　　　　　　　　　　　　　　　　　　　　　　돈이 되는 메타버스

방식이다.

하지만 자율주행 차량용 라이다 센서는 Part 3의 2장 LBS 부분에서 언급했던 MEMS를 활용해 레이저를 스캔하기 때문에, 크고 무거워서 XR 기기에서 활용하기는 어렵다. MEMS를 대신해 작은 크기의 부품을 활용해 레이저를 스캔할 수 있는 기술을 개발해야 하는 상황이다. 라이다 개발업체 퀴너지는 광학 위상 어레이Optical Phase Array, OPA를 개발해 혁신적으로 라이다의 크기를 줄였다. 향후 양산성이 확보되면, XR 기기를 비롯한 소형 IoT 기기를 위한 라이다를 제공할 수 있을 것으로 기대된다.

메타버스 분야에서도 유의미한 움직임이 확인되고 있다. 라이다에서 스캔 부품을 제외한 ToF 센서를 잘 만드는 LG 이노텍은 MS와 함께 협력하여 XR 기기에 활용될 라이다 센서 개발 사업에 착수했다[*]. 애플의 경우, ToF 센서를 아이폰과 아이패드에 장착해 공간 매핑 기능과 이에 기반한 모바일 AR 기능을 제공하고 있다. 향후 XR 기기에서 라이다 기반의 매핑 기능을 제공하려는 움직임으로 파악된다.

카메라와 라이다는 각각 장단점이 명확하다([표 20] 참고). 카메라는 빛이 없는 어두운 환경에서 작동하기 어렵다는 점이 단점이다.

---

[*] "LG이노텍, MS와 3D센싱 카메라 확산 손잡는다!", LG 이노텍 블로그

[표 20] 카메라와 라이다 센서의 장단점

	카메라	라이다
사물 인지	○	△
거리 측정	△	◎
물체 경계 구분	○	○
빛 부족 시 작동 가능 여부	△	◎
전력 소모	○	△
크기	○	X
생산 원가	◎	X
양산성	◎	X
XR 기기 개발 기업	메타, 스냅	애플, 마이크로소프트
센서 개발 기업	기존 스마트폰 카메라 모듈 개발 기업	LG 이노텍, 쿼너지 등

라이다는 아직까지 작은 크기로 양산 가능한 기술이 개발되지 않았다는 점과 전력 소모가 높다는 점이 핵심적인 기술적 허들이라고 판단된다. 각각이 가진 기술적인 문제가 해결되면서, 스마트폰 세대와 비교할 때 훨씬 더 많은 수요가 생기는 것은 필연적일 일일 듯하다. 따라서 향후 카메라, 라이다 각각의 센서를 생산하기 위한 전체 공급망에서 유의미한 투자 기회를 찾을 수 있을 것이다.

돈이 되는 메타버스

(2) 장면 이해 기술

공간 매핑이 주변 공간의 본을 뜨는 작업이었다면, 장면 이해 기술은 준비된 본에 '색칠'을 하는 작업이다. 이제 '무엇이' 있는지를 이해하는 작업이라고 생각할 수 있다. 아무리 공간 매핑 기술이 뛰어나더라도, 장면 이해 기술이 뒷받침되지 않으면 메타버스는 '인간의 맥락'을 이해할 수 없다. 예를 들어, 거실 속의 난로를 소파라고 잘못 이해하면, 메타버스 속 반려견 '루비'가 아무렇지 않게 난로 위에서 잠드는 끔찍한 모습이 연출될 수도 있다.

고도화된 AI 기술을 통해 컴퓨터의 장면 이해는 사람이 이해하는 수준을 점차 뛰어넘고 있다. 2차원 사진 속의 물체가 무엇인지 분류하는 간단한 작업은 이미 2015년부터 AI가 인간의 수준을 뛰어넘었다. 이런 흐름에 따라 글로벌 빅테크들은 오래전부터 딥러닝 기반의 AI 알고리즘을 개발해왔고, 이를 오픈 소싱하여 개발자들의 빠른 서비스 개발을 돕고 있는 상황이다. MS에서는 자사에서 직접 개발한 장면 이해 기술을 누구나 활용할 수 있도록 개발자 도구를 제공하고 있고, 구글은 3차원 공간에서 장면 이해를 하기 위한 텐서플로우 Tensorflow 기반 알고리즘을 개발하여 오픈 소싱했다.[*]

---

[*] Alizera Fathi 외, "3D Scene Understanding with TensorFlow 3D", Google AI Blog

장면을 이해하기 위한 AI 모델 구동을 위해서는 어마어마한 양의 연산이 필요한데, AR/VR 기기는 이런 연산을 실시간으로 수행하기에는 역부족이다. 따라서 지금은 데이터를 서버에 전달하고, 서버에서 연산 처리를 진행하면 그 결과값을 사용자에게 다시 전달하는 방식으로 장면 이해를 구동한다. 하지만 분석하는 장면은 여러 장의 사진이거나 3차원 포인트 클라우드로, 데이터의 크기 때문에 네트워크를 통해 서버와 주고받는 데 필요한 시간이 길어진다. 이러한 문제를 해결하기 위해 시장은 크게 세 가지 해결 방안을 제안하고 있다.

방법 ① 에지 클라우드

에지 클라우드는 중앙 서버와 사용자 가운데에서 프로그램의 수행 시간을 단축할 수 있도록 구축된 중소 규모의 서버를 의미한다. 에지 클라우드는 장면 이해뿐만 아니라 메타버스 구현에 있어 다양한 기술적 문제를 넘을 핵심 인프라로 파악되며, Part 3의 7장에서 보다 자세히 다룬다.

방법 ② AI용 반도체

AI용 반도체는 AR/VR 등의 사용자 기기에서 AI 연산이 가능하도록 관련 연산에 최적화된 반도체를 의미한다. AI 엑셀러레이터AI Accelerator라고 부르기도 한다. 인텔, 구글을 비롯한 테크 공룡을 비롯해 많은 스타트업에서 이 엑셀러레이터를 개발하고 있다. 인텔에서는 장면 이해에 필요한 연산을 보다 빠르게 처리하는 VPUVision Processing Unit라는 새로운 개념의 반도체 칩을 개발하였다. 구글은 전에 개발했던 TPUTensor Processing Unit를 기반으로 사용자들이 활용할 수 있는 코럴Coral이라는 반도체 칩을 공개했다. 애플의 경우 2020년 이미지 인식에 최적화된 반도체를 설계하는 엑스노.ai를 2억 달러에 인수했고, 현재 제품을 아이폰 카메라에 장착하고 있는 것으로 파악된다. 국내에서는 퓨리오사 AI가 2021년 6월 말 800억 원의 추가 투자를 완성시키며 글로벌 경쟁력을 키워가는 중이다.

방법 ③ 미리 그려놓은 3차원 지도

매 순간 매핑과 장면 이해를 새로이 구성하는 것은 비효율적이므로, 메타는 누군가 같은 장소에서 매핑해놓은 3차원 지도를 다운로드해서 사용하는 방법을 고민하고 있다.

메타는 이런 아이디어를 '라이브맵스LiveMaps'라고 부른다. 라이브맵스는 공간을 바닥과 벽, 천장과 같은 움직이지 않는 구조물과 의자, 책, 접시와 같이 움직일 수 있는 물체로 구분한 3차원 지도이다. 사용자들은 특정 공간에 들어서면 이전 사용자가 만들어놓은 라이브맵스를 다운로드하고, 움직인 물체가 있을 경우 이를 실시간으로 라이브맵스에 반영하게 된다. 미리 준비된 지도에 기반해 XR 환경

✦ [사진 21] 메타의 라이브맵스

을 즐길 수 있게 되는 것이다.

메타는 라이브맵스 아이디어를 구현하기 위해 2020년 9월부터 프로젝트 아리아를 시작했다.* 메타 임직원과 사용자들은 메타에서 제공한 안경을 착용하고 XR 기기의 시점에서 데이터를 수집하고 있다. 메타는 이렇게 수집한 데이터에 기반해 정확한 3차원 매핑 알고리즘을 개발한다.

2021년 10월 메타가 발표한 프로젝트 아리아의 업데이트 상황을 확인해보면, 이미 훌륭한 수준의 라이브맵스를 구성한 것을 확인할 수 있다([사진 21] 참고). 이런 라이브맵스 구성 기술은 메타가 2022년 발표할 것으로 보이는 프로젝트 캠브리아 기반의 VR 기기에서 씨쓰

---

* "Announcing Project Aria: a research project on the future of wearable AR", Tech@Facebook Blog

돈이 되는 메타버스

루 AR(Part 3 1장 참고)을 구현하는 데 활용된다.* 이때 출시될 VR 기기를 통해 라이브맵스의 구체적인 실행 파이프라인이 드러날 것으로 보인다. 메타의 라이브맵스 콘셉트가 지금까지 해결하지 못했던 공간 매핑과 장면 이해 분야 문제를 해결하며 사용자들에게 매끄러운 경험을 선사할 수 있을지 주목해볼 필요가 있다.

---

* Igor Bonifacic, "Project Cambria is a high-end VR headset designed for Facebook's Metaverse", Techcrunch

☑ **간단 요약**

현실과 가상의 데이터가 상호작용하는 XR 환경이 우리가 꿈꿔왔던 메타버스의 모습과 가장 비슷하다고 할 수 있다. XR 환경을 구축하기 위해서는 XR 기기가 주변 공간을 완벽히 이해해야 한다. 어디에 무엇이 있는지를 알아야 한다는 것이다. 이를 구현하기 위해서는 공간 매핑 기술과 장면 이해 기술이 필요하다. 공간 매핑은 주변 공간의 '본을 뜨는 기술'이고, 장면 이해는 '본을 색칠하는 기술'이라고 생각할 수 있다. 이 두 가지 기술이 끊김없이 수행되어야 XR 환경이 구축된다. 정확도와 속도 두 마리 토끼를 잡기 위해 다양한 방향에서 기술 개발이 진행되고 있다.

ὂ **투자 포인트 1**

공간 매핑을 위한 센서 시장은 확장될 것이다.

이미지 센서는 XR 기기에서 여러 개 활용될 것이다. 스마트폰에 공급하는 센서까지 고려할 때, 2~3배의 시장 확장을 기대해볼 수 있다는 뜻이다. XR 기기의 상용화, 일반화 과정에서 이미지 센서 업체들에 투자 기회가 있을 것이다.

라이다 역시 마찬가지이다. 자율 주행에서 핵심 센서로 거론되는 라이다가 메타버스를 위한 XR 환경 구축에도 필요한 상황이 되었다. 거대한 시장이 하나 더 추가된 것이다. LG 이노텍처럼 XR 기기를 위한 라이다를 개발하는 기업이 아직 많지 않다는 점도 중요 포인트이다. 웨어러블 메타버스가 가까워오며 XR 기기 개발 기업들과 전략적인 파트너십을 구축하는 라이다 업체들에 주목할 필요가 있다.

🥌 투자 포인트 2

메타가 준비한 라이브맵스의 성공 여부가 굉장히 중요하다.

공간 매핑부터 장면 이해까지 모든 연산을 처리하려면 XR 기기에 큰 부하가 걸린다. 실시간으로 모든 연산을 처리하는 것은 아마 수년 내에 구현하기 어려울 듯하다. 이에 따라 준비되어 있는 3차원 지도를 활용하는 메타의 라이브맵스 콘셉트가 주효할 것으로 기대된다. 개인정보 등의 문제를 잘 해결할 수 있다면, 라이브맵스 아이디어는 멀게만 느껴졌던 XR 경험을 사용자들 눈앞에 가져올 수 있을 것이다.

이렇게 XR 경험이 가능해지면 관련 서비스와 콘텐츠 공급망에 투자 기회가 생긴다. 메타의 라이브맵스가 어떤 사용자 경험까지 제공할 수 있는지 눈여겨 보아야 하는 이유이다.

컴퓨터 그래픽 : 현실처럼 느껴지는 가상 콘텐츠를 만들 수 있을까?

자명하게, 사람들이 메타버스 안에서 살아간다고 느끼게 하기 위해서는 영화 「레디 플레이어 원」의 '오아시스' 같은 생동감 넘치는 그래픽이 필수적이다. 실사화된 그래픽 구현은 최근 미디어에서 VFX 개발 기업, VR/AR 콘텐츠 개발 기업 등에 대해 다루고 있어 많은 관심을 받는 분야이기도 하다. 이번에는 사용자의 눈에 그래픽이 전달되기까지의 과정을 토대로 어떤 기술 혁신이 필요한지 이야기해보고자 한다.

돈이 되는 메타버스

그래픽이 사용자에게 전달되기 위해 필요한 요소

학생 때 공책 끄트머리에 수십 장 그려 만들었던 플립북 애니메이션을 생각하면 이해하기 쉽다.

1] 그래픽 디자인

그래픽 디자인 과정은 플립북 애니메이션에서 그림을 그리는 과정이다. 이런 애니메이션을 그릴 때에는 매 프레임마다 직접 그림을 그려 넣었다. 자연스러운 움직임을 연출하기 위해 굉장히 섬세하게 신경 썼던 기억을 가지고 있을 것이다. 예를 들어, 사람이 달려가는 모습을 보여주고자 할 때에는 이전 페이지와 비교해 팔과 다리가 적당히 움직인 상태로 전체 몸은 아주 조금 앞으로 나아간 그림을 그렸을 것이다. 하지만 잘 알다시피 이것은 굉장히 노동 집약적 작업이다. 그리고 중간에 그림 하나만 잘못 그리더라도 전체 애니메이션의 자연스러움이 사라지게 된다.

2] 물리엔진

물리엔진은 이런 움직임을 짧은 시간에 자연스럽게 연출하기 위해 개발되기 시작했다. 이전에는 사람의 직관으로 그려야 했는데, 물리엔진을 통해 발과 운동장의 마찰, 공기 저항, 주인공의 속도를 기반으로 매 프레임을 자동으로 그릴 수 있게 되었다. 현실세계의 물리 법칙을 따르니, 한 장면씩 손으로 그릴 때보다 훨씬 실감나는 애니메이션을 만들 수 있게 되었다.

3] 렌더링

물리엔진을 이용하더라도 종이인형 같은 평면화 그래픽은 여전히 아쉬움이 남는다. 이에 개발자들은 그림자와 원근감 등을 실감나게 표현할 수 있는 3차원 그래픽을 구현하기 위한 방법을 고민했다.

3차원 물체는 바라보는 시점에 따라서 보이는 모양이 달라진다. 매 프레임마다 시점이 바뀌는 것을 고려해 별도의 그림을 그리는 것은 어마어마한 시간이 필요한 작업이었다. 배틀그라운드와 같은 일인칭 게임은 시시각각 플레이어의 시점이 변하는데, 그 모든 변화를 고려해서 2차원 그림을 무한히 그릴 수는 없는 일이었다. 개발자들은 고민 끝에 가상공간에 3차원 그래픽을 그린 뒤, 자신들이 원하는 시점에서 사진을 찍어 하나의 프레임을 완성하는 방법을 개발했다. 가상의 공간에서 찍은 사진이 현실세계 속 빛의 움직임에 기반해 촬영될 수 있도록 하는 것이 바로 렌더링 기술이다.

그래픽이 사용자에게 전달되는 데는 이런 세 가지 요소가 가장 핵심적인 역할을 하고 있다. 메타버스와 현실이 구분되지 않는 그래픽을 만들기 위해서 각각의 요소들은 어떻게 발전해야 할까? 다음 발전 방향에 대한 우선 순위에는 나의 주관적인 의견이 반영되었음을 미리 밝힌다.

돈이 되는 메타버스

(1) 빛을 추적하는 기술의 발전 − 렌더링의 정확성 확보

앞서 렌더링 기술은 가상공간에 놓인 물체의 사진을 찍는 과정과 같다고 이야기했다. 현실세계에서 사진을 찍으면 수많은 빛이 모여 하나의 작품을 만들어낸다. 예를 들어, 사람의 얼굴을 촬영할 때에는 조명판의 각도에 따라 얼굴의 밝기나 표정의 자연스러움이 달라지게 된다. 또 매끈한 페트병 사진을 찍으면 마치 거울처럼 주변에 놓인 물건들의 모양과 색깔이 비치기도 한다.

렌더링 과정은 이런 수많은 빛의 움직임을 가상공간에서 역으로 계산하여, 픽셀 하나하나의 색깔을 결정하는 과정이다. 실제 세계에서 일어나는 빛의 움직임과 가상공간에서 역산한 빛의 움직임이 비슷할수록 우리는 현실과 구분할 수 없는 그래픽을 즐길 수 있을 것이다. 하지만 이런 빛의 움직임을 역산하기 위해서는 굉장히 많은 근사와 적분 과정이 필요하다.[*] 당연하게도, 굉장히 많은 시간과 에너지도 소모된다. 이러한 이유로 최근 '실시간 렌더링Real-time Rendering'이 중요하게 언급되고 있는 것이다.[**] 렌더링과 관련된 보다 쉬운 이해를 바란다면 칸 아카데미에서 제공하고 있는 짧은 동영상

---

[*] 거울이 두 개 있는 엘리베이터에 타면 끝없이 내가 보인다. 이처럼 빛은 반사된 뒤에 다시 또 반사되고, 그 빛이 또다시 반사되어 돌아온다. 그리고 여러 개의 다른 광원이 하나의 위치를 조명할 수도 있다. 따라서 최대한 빛을 반영해 실제처럼 구현하기 위해서는 적분 과정과 적당한 근사가 필수적이다.

[**] 2021년 3월 국내에서 상장된 자이언트스텝의 핵심 기술이 바로 실시간 렌더링 기술이다.

강의(약 10분 내외)를 추천한다.[*]

　최근 에픽게임즈의 언리얼Unreal 엔진과 유니티의 유니티Unity 엔진이 미디어에서 자주 소개되면서, 아마도 많은 사람들이 "왜 언리얼 엔진이 더 좋은 그래픽을 만드는 것처럼 느껴지지?"라는 의문을 가졌을 것이다. 언리얼 엔진과 유니티 엔진이 보여주는 그래픽의 차이는 바로 이 빛을 추적하는 기술Ray Tracing에서 나온다. 언리얼 엔진은 개발 직후부터, 실사화된 그래픽을 구현하기 위해 빛 추적 기술을 개발하는 데 많은 투자를 한 것으로 보인다. 2021년 5월 처음 공개된 언리얼 엔진은 '루멘Lumen'을 공개하며 엄청난 수준의 빛 추적 기술을 자랑하고 있다.[**]

　유니티 역시 뒤처지지 않기 위해 2021년 11월 피터 잭슨Peter Jackson 감독이 운영하는 컴퓨터 그래픽 개발 회사 '웨타 디지털'을 인수했다. 「아바타Avatar」, 「혹성탈출Rise of the Planet of Apes」, 「이터널스Eternals」 등 굵직한 SF 영화의 시각 효과를 담당했던 웨타 디지털은 빛 추적 기술에 대한 이해도가 굉장히 뛰어나다.[***] 지금까지 모바일

---

[*]　이 책을 보고 명확히 이해가 되지 않았다면, 이 온라인 강의를 꼭 한번 들어보기를 추천한다. 나에게도 이 강의가 굉장히 큰 도움이 되었다.

[**]　https://docs.unrealengine.com/5.0/en-US/RenderingFeatures/Lumen/
참조된 루멘의 공식 문서에 들어가보면, Global Illumination이라는 문구를 확인할 수 있다. 이는 다른 물체에 반사된 '간접적 조명(indirect light)'을 추적하는 것을 의미한다. 앞서 언급했던 조명판에서 반사되어 얼굴을 밝게 만들어준 빛이 바로 간접적 조명이라고 생각하면 된다.

[***]　"Physically-based Shading", Weta Homepage

✦ [사진 22] 엔비디아의 빛 추적 기술 ON/OFF 비교

및 인디 게임사들을 겨냥해 가벼운 엔진을 개발해온 유니티가 웨타 디지털의 빛 추적 기술을 흡수해 어떤 시너지를 만들지 지켜보아야 할 것이다.

엔비디아는 빛 추적을 위한 소프트웨어와 관련 연산에 최적화된 하드웨어 아키텍처를 공개했다.* 엔비디아가 개발한 GPU RTX 시리즈는 실시간 빛 추적에 최적화된 세계 최초의 하드웨어이다. [사진 22]를 통해 엔비디아의 빛 추적 기술의 놀라움을 확인해볼 수 있다. 특히 아래 웅덩이를 보면, 빛 추적 기술이 활성화되었을 때 훨씬 현장감이 넘친다는 것을 느낄 수 있다. 엔비디아가 빛 추적에 특화된

---

* RTX 공식 홈페이지(https://www.nvidia.com/en-us/geforce/rtx/)

별도의 하드웨어를 개발했다는 것은 빛 추적 기술의 중요성을 암시
한다.

(2) 물리엔진의 발전 – 움직임의 자연스러움 확보

렌더링은 하나의 프레임을 보다 현장감 있게 '캡처'하는 방법이
다. 사용자는 '캡처'된 연속된 장면들을 통해 매끄러운 움직임을 경
험하게 되는데, 이 움직임은 물리엔진을 통해 구성된다. 크게는 충
돌했을 때의 효과부터 작게는 머리카락 한 올이 바람에 흩날리는
표현까지 물리엔진의 힘을 빌린다. 만약 그 움직임이 현실세계에서
설명되지 않거나 일관적이지 않다면, 사용자는 현실과의 괴리감을
느끼게 된다.

물리엔진은 엔비디아의 피즈엑스PhysX가 세계 최고 수준인 것으
로 파악된다. 게임 개발에서 가장 많이 사용되는 언리얼과 유니티
엔진에서도 엔비디아의 피즈엑스 엔진을 기본 옵션으로 채택하고
있다. 언리얼 엔진4에서 카오스 피직스Chaos Physics라는 독자 경량 엔
진을 개발했으나, 이는 같은 회사의 게임 포트나이트 구동을 위해
준비되었고, 아직까지는 베타 버전에 머무르는 것으로 보인다. 엔비
디아는 수준 높은 물리엔진 기술을 기반으로 디지털트윈 플랫폼 옴
니버스를 개발하는 데 성공했다. 관련한 상세 내용은 Part 2의 5장

에서 확인할 수 있다.

국내에서는 게임사 펄어비스가 독자적인 엔진을 개발했다.[*] 독자적인 엔진은 개발사에서 자신들의 게임에 특화된 형태로 개발하기 때문에, 공용엔진보다 훨씬 가볍고 효율적이라는 장점이 있다. 펄어비스는 이러한 측면에서 게임 개발의 경쟁력은 엔진에 있다고 보고, 설립 이후부터 지속적으로 독자 엔진을 발전시켜왔던 것으로 파악된다. 향후 펄어비스가 독자 엔진을 기반으로 어떤 독특한 사용자 경험을 제공할지 주목해볼 필요가 있다.

(3) GPU와 알고리즘 – 렌더링 속도 확보

정확성만큼 중요한 것이 속도이다. 앞선 내용에서도 계속해서 강조했지만, 사용자에게 '끊김 현상'은 절대로 용납되지 않는다.

PC 및 서버 GPU 시장은 엔비디아와 함께 인텔, AMD가 과점하고 있고, 모바일 GPU 시장은 퀄컴과 암Arm이 과점하고 있다. 지금의 과점 상황은 지속적으로 이어질 가능성이 높다. 다만, GPU는 메타버스 시대가 다가오며 점차 수요가 늘어날 것이기 때문에, GPU 개발 업체에 대한 투자 기회를 지속적으로 확인하는 것이 중요하다. 예를

---

[*] 펄어비스 연구소 홈페이지 (https://www.pearlabyss.com/ko-KR/Company/About/Lab)

들어, 에지 클라우드 업체와 GPU 업체의 협력 구도는 해당 GPU 업체의 투자 매력도를 높일 것이다.

GPU와 더불어 알고리즘을 활용해 렌더링 속도를 높이는 방법도 함께 개발되고 있다. 2021년 5월 발표된 언리얼 엔진5의 핵심 기술 나나이트 Nanite는 렌더링 시간을 줄일 수 있는 방법을 제안하고 있다. 나나이트는 사용자가 구별할 수 없는

✦ 언리얼 엔진5의 놀라운 기술

수준의 미세한 그래픽 유닛을 하나로 뭉치는 방법으로 연산을 최소화하고, 저장 장치인 SSD Solid State Device의 데이터를 GPU에 실시간 스트리밍하는 방법을 통해 혁신적으로 렌더링 시간을 줄이는 데 성공했다. 책을 통해 전할 수 있는 내용이 한정적이므로, QR 코드 속 영상을 통해 언리얼 엔진5가 제공하는 높은 수준의 기술을 확인해 보기 바란다.

지금까지 언급했던 세 가지 방향 이외에도 그래픽 디자인 툴의 편리성, 특정 물건을 디자인한 그래픽 에셋을 공유할 수 있는 플랫폼 비즈니스 등이 함께 발전해야 한다. 그래픽 시장은 언리얼, 유니티, 엔비디아가 중심이 되어 혁신을 이끌어가고 있는 만큼 세 기업의 움직임에서 새로운 투자 기회가 파생될 가능성이 높다.

간단 요약 및 투자 포인트

☑ 간단 요약

리얼한 그래픽이 현실과 구분하기 어려운 메타버스를 만드는 데 필수적이라는 것은 모두가 동의할 것이다. 그래픽을 만드는 데에는 크게 1] 그래픽 디자인, 2] 물리엔진 기술, 3] 렌더링 기술이 필요하다. 각각에 대한 투자 기회는 분명하나, 기술 진입장벽이 높아 현재 과점 시장을 형성한 기업들의 움직임에서 파생되는 투자 기회에 집중해야 한다.

🍔 투자 포인트 1

그래픽은 구현하기 위한 난이도가 높다. 이 분야는 시장의 강자가 뚜렷하게 정리된 상황이다. 몇몇 과점 기업들의 합종연횡을 살피는 것이 투자 기회를 제공할 것이다.

언리얼, 유니티, 엔비디아의 움직임이 곧 시장의 전체 흐름이 될 것이다. 언리얼과 엔비디아의 뛰어난 빛 추적 기술에 따라가고자 유니티가 웨타 디지털을 인수한 것처럼 말이다.

정확한 렌더링을 위한 빛 추적 기술, 현실적인 움직임을 만들 수 있는 물리엔진, 빠른 렌더링을 위한 GPU와 알고리즘. 이 세 가지가 핵심이다. 각각에 대해 언리얼, 유니티, 엔비디아가 어떻게 움직이고 있는지 이해한다면, 향후 인수·합병 등 움직임을 미리 짐작해볼 수 있을 것이다.

자체 물리엔진을 보유한 게임 개발 기업이 놀라운 그래픽 퍼포먼스를 제공할 것으로 보인다.

현재 거의 독점 시장 체제를 갖춘 엔비디아의 물리엔진은 공용엔진이다. 간단하게 말해 기성복이라고 생각하면 된다. 반대로, 자체적으로 게임 개발사가 개발한 물리엔진은 맞춤복이다. 자체 개발 물리엔진을 사용하면 그래픽 구현을 위해 필요한 데이터가 획기적으로 줄어들고, 개발 과정에서 불필요한 오류 점검 과정이 최소화된다. 이에 따라 개발자들은 게임 콘텐츠 자체에 더 집중할 수 있는 환경에서 일할 수 있다. 이런 점에서 자체 물리엔진을 보유한 게임 개발 기업은 그래픽과 콘텐츠 두 마리 토끼를 모두 잡을 수 있을 것이다.

국내에서는 펄어비스가 자체 물리엔진을 오래전부터 개발해온 것으로 파악된다.

에지 클라우드 : 수백만 명이 동시에 접속하는 메타버스 세계를 매끄럽게 운영하려면?

✦ 「레디 플레이어
원」트레일러

영화 「레디 플레이어 원」의 '오아시스'는 메타버스의 '이데아' 같은 존재라고 생각할 수 있다. 기술의 발전을 거듭해 완성된 메타버스의 모습을 굉장히 잘 보여주고 있기 때문이다. 이 책을 쓰는 과정에서도 끊임없이 던졌던 질문이 바로 "「레디 플레이어 원」의 오아시스를 만들려면 어떤 기술이 필요할까?"였다. 이 장을 시작하기에 앞서 「레디 플레이어 원」에서 오아시스를 소개하는 QR 영상을 꼭 확인하길 바란다.

실상 Part 3에서 다루고 있는 대부분의 기술이 '오아시스'를 완성하는 데 필요한 기술이라고 생각된다.

하지만 다른 기술이 아무리 발전해도, 결국 끊김 현상이 없는 사용자 경험이 제일 중요하다. 게임을 할 때 그래픽 사양이 높고 끊김 현상(렉)이 많이 생기는 환경과 그래픽 사양은 조금 떨어져도 렉이 걸리지 않는 환경 중에 사용자들이 어떤 쪽을 더 선호할까? 대부분의 게임 플레이어들은 끊김 현상이 발생하지 않는 환경을 선호한다. 잠깐의 끊김이 승패를 좌우할 수 있기 때문이다.

수많은 사람들이 오아시스에 동시에 접속하고 함께 소통한다. 수백만 명이 동시에 메타버스 세계의 친구들에게 이야기를 하게 된다. 수많은 음성과 표정, 손짓을 비롯한 비언어적 표현들을 데이터로 변환하고, 그 데이터를 메타버스 안에서 대화하는 상대방에게 전달해야 한다. 그 모든 데이터가 불편함 없이 정확하게 전달되기 위해서는 혁신적인 네트워크 구조가 필요하다.

COVID-19 창궐 이후 자주 사용되는 화상 채팅 프로그램 줌을 써보았다면 불편함을 느낀 적이 있을 것이다. 화면 공유를 하면 갑작스러운 끊김 현상이 생기고, 여러 명이 같이 대화를 하면 속도가 느려지는 문제가 있기 때문이다. 이런 점을 상기해보면, 많은 사람들이 동시에 접속한 상황에서 끊김 없이 영상과 음성 데이터를 주고받는 것이 얼마나 어려운 일인지 짐작할 수 있다. 메타버스에서는 줌에서보다 훨씬 복잡하고 많은 양의 데이터가 오고 가야 한다는

돈이 되는 메타버스

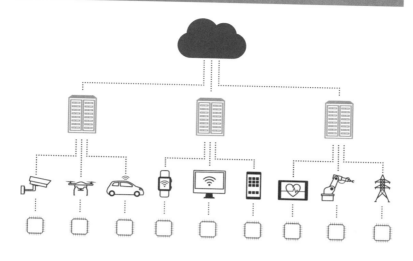

[그림 32] 에지 클라우드 구동 방식

점을 고려하면, 앞으로 네트워크 기술에는 필연적인 혁신이 일어날 가능성이 높다. 다양한 핵심 기술 중, 네트워크를 활용한 병렬 및 분산 처리 기술이 보다 중요한 이슈로 대두될 것이다.

병렬 처리 기술을 효율적으로 구현하기 위한 핵심 인프라가 바로 에지 클라우드이다. 앞서 장면 이해 기술을 구현하기 위한 핵심 인프라로서 에지 클라우드를 언급했다(Part 3의 5장 참고). 다시 강조하자면, 에지 클라우드는 중앙 서버와 사용자 사이에 구축된 중소 규모의 서버를 의미한다. 에지 클라우드는 중앙 서버로 모이는 트래픽을 분산해서 처리하여, 사용자들이 더욱 빠르게 서비스를 활용할 수 있도록 도와준다.

에지 클라우드는 데이터 트래픽을 분산시켜줄 뿐만 아니라 연산에도 집중한다. 그래픽이 보다 정교해지면 데이터가 커지고, 자연스럽게 이 데이터를 처리하는 데 필요한 연산의 양도 많아진다. 이를 사용자 기기에서 처리하기에는 아직 반도체 기술이 충분하지 않은 상태이기 때문에, 보다 가까이에 있는 에지 클라우드에서 연산을 도와주는 구조를 만들고자 하는 것이다.

이렇게 에지 클라우드는 네트워크 트래픽의 효율적인 분산을 통한 속도 증대와 함께 연산 처리 능력을 제공하여 사용자가 매끄럽게 메타버스를 즐길 수 있는 환경을 만들 것이다. 아직까지 에지 클라우드 시장은 개화기에 있으며, 이에 따라 다양한 투자 기회가 있을 것으로 기대된다. 최근에는 '멀티 액세스 에지 클라우드Multi-access Edge Cloud, MEC'라는 개념이 소개되고 있다. MEC는 사용자 기기가 특정 에지 클라우드에만 연결되는 것이 아니라, 위치에 기반하여 가장 가까운 에지 클라우드와 연결될 수 있는 유동적인 연결성connectivity를 제공한다. 이러한 흐름에 따라 통신사의 역할도 함께 부상하고 있다.

에지 클라우드 생태계는 서로 다른 네 개의 그룹으로 구성되어 있다.

그룹 ① 통신사

MEC가 메타버스, 자율주행과 함께 핵심 기술로 부상하면서 지속적으로 연결성을 제공할 수 있는 통신사의 역할이 더욱 중요해지고 있다. 최근에는 통신사의 기지국과 에지 클라우드를 결합하는 방식이 의미 있게 논의되고 있다. 통신사가 사용자의 위치에 따라 연결된 기지국을 지속적으로 변경해주는 것이 MEC가 수행하고자 하는 시나리오와 똑같기 때문이다. 국내 통신사들도 동일한 방식의 MEC를 구현하기 위해 준비하는 것으로 파악된다.

그룹 ② 거대 클라우드 기업

클라우드 서비스를 하는 거대 기업은 중앙 서버의 역할을 한다. 이들은 에지 클라우드 인프라와 더욱 유기적으로 통신하기 위한 전략을 만들고 있다.

그룹 ③ 중소 규모의 로컬 데이터센터 및 콜로케이션 기업

중소 규모의 로컬 데이터센터와 콜로케이션Colocation 기업은 중앙 서버보다 사용자와 가까운 위치에 서버를 구축하는 역할을 수행해 왔다는 점에서 에지 클라우드와 가장 유사한 사업을 영위했던 기업들이다. 실제로 최근 이 그룹에 속한 기업들은 점차 에지 클라우드로 사업 영역을 확장하고 있다.

서버를 구축하는 경험은 굉장히 중요하다. 같은 수의 프로세서를 활용해도 배치와 연결 기술에 따라서 수행할 수 있는 연산의 능력과 소모 에너지의 양이 판이하게 달라지기 때문이다. 로컬 데이터센터 기업들은 이전부터 개발해왔던 GPU, CPU를 비롯한 컴퓨팅 리소스의 배치 기술, 발생하는 열을 효과적으로 식히는 노하우를 통해 에지 클라우드 구축에 필요한 비용을 최소화할 수 있을 것으로 보인다. 따라서 로컬 데이터센터 기업들의 관련 특허를 분석하면 유의미한 투자 기회를 찾을 수 있을 것이다.

그룹 ④ 반도체 및 통신 장비 개발 기업

에지 클라우드를 구축하기 위해서는 당연히 프로세서와 메모리가 필요하다. 에지 클라우드가 보다 핵심적인 인프라로서 역할을 하는 과정에서 CPU, GPU, DRAM, NAND 등에 대한 수요는 필연적으로 증가할 것이다. 따라서 반도체 제조 공급망 전반에 투자 기회가 생길 것이라고 생각된다.

에지 클라우드의 확장 과정에서 통신 장비에 대한 수요도 증가할 것이다. 사용되는 네트워크 세대와 관련된 통신 장비 개발 업체를 주목해야 한다. 또한 통신 과정에서 발생할 수 있는 다양한 보안 문제에 대한 솔루션도 보다 많이 활용될 가능성이 높다.

에지 클라우드는 메타버스뿐 아니라 자율주행, AI 서비스의 일반화를 위해서도 꼭 필요한 인프라이다. 통신과 반도체 분야에서 세계 최고 수준의 성과를 보여준 국내 기업들이 새로이 확장되고 있는 시장에서 어떤 역할을 할 수 있을지 기대된다. 에지 클라우드와 관련해 보다 깊은 내용을 이해하고 싶은 독자들은 SK 증권 김영우 애널리스트의 레포트와 저서 『반도체 투자 전쟁』을 확인해보는 것을 추천한다.*

---

* 김영우 애널리스트의 리포트 「2021년 반도체 연간전망 : The Next Wave of IT Super Cycle, MEC」, 「Cloud vs Console Game, MEC에 답이 있다」를 함께 읽어도 좋다. 에지 클라우드의 분산 네트워크 처리 및 컴퓨팅 방식이 극단화되면 블록체인과 유사한 개념이 된다. 웨어러블 메타버스에서는 사용자의 주변 공간 정보까지 스캔한다는 점을 생각해보면, 보안과 신뢰성 측면에서 블록체인이 필요해질 가능성이 있다. 최근에는 이렇게 탈중앙화된 새로운 인터넷을 Web 3.0의 개념으로 소개하고 있다. 본 책에서는 다루기 어렵지만, 관련해서 가브리엘 르네의 〈공간 웹〉을 참고하는 것을 추천한다.

VR 기기를 사용할 경우 외부 시야가 전부 차단되어 움직이는 것이 굉장히 위험하다. 따라서 제자리에서 움직일 수 있는 기술이 필요하다. 제자리에서도 움직인다고 느낄 수 있는 기구에는 런닝머신이 있다. 메타버스에서는 유사한 장치를 활용해 제자리에서 움직이는 감각을 제공한다. 이런 장치를 '트레드밀treadmill'이라고 한다. 트레드밀은 360° 전 방향 런닝머신이라고 생각할 수 있다. 하지만 런닝머신과 같은 형태는 주변에 많은 소음을 야기하고 무거운 중량으로 휴대도 거의 불가능하다.

2020년 10월, 버튜익스는 미끄러지는 신발을 활용해 런닝머신과 유사한 움직임을 구현하는 트레드밀 '옴니원'을 소개했다. 영상을 보면 메타버스 가상 환경에서 움직임이 실제와 유사한 느낌이다. 옴니원은 실제 가정에서도 활용할 수 있도록 개발한 제품으로, 간단히 접어서 휴대할 수도 있다. 트레드밀의 기능이 앞으로 얼마나 더 좋아지고 그 무게는 얼마나 더 가벼워질지 지켜보자.

✦ 버튜익스 옴니원 사용 영상

간단 요약 및 투자 포인트

☑ 간단 요약

「레디 플레이어 원」의 '오아시스'를 만들기 위해서는 정말 많은 기술이 발전해야 한다. 다른 기술들이 충분조건에 해당한다면, 네트워크 기술은 필요조건이다. 새로운 통신 인프라 에지 클라우드가 유의미한 변화를 만들 것이다.

❁ 투자 포인트 1

에지 클라우드는 향후 핵심 인프라로 부상할 것이다. 전체 생태계의 큰 그림을 그리자.

에지 클라우드는 메타버스 이외에도 자율주행 등의 미래 산업을 위해 필수적으로 구축되어야 한다. 과장을 좀 보태자면 에지 클라우드는 수많은 미래 산업 실현의 첫 번째 관문이라 할 수 있다. 따라서 관련 분야 전반에서 투자 기회가 생길 것으로 전망된다. 이미 전쟁은 시작되었다. 톱다운(Top-down) 방식으로 전체 공급망에서 지속적으로 유의미한 움직임을 보이는 기업을 찾는 것이 중요하다.

❁ 투자 포인트 2

트레드밀을 통해 VR 환경에서 묶였던 발이 풀렸다. '움직임'이라는 새로운 차원을 활용할 줄 아는 게임 개발 기업에 투자 가치가 있을 것으로 기대된다.

Part 3 1장에서 언급했듯, VR 기기를 착용하면 주변이 보이지 않아 움직임이 제한된다. 하지만 트레드밀을 이용하면 사용자가 제자리에서도 움직이고 있다고 느낄 수 있다. 이를 통해 게임 개발 기업은 보다 자유롭게 콘텐츠를 구성할 수 있게 되었다. 크래프톤의 배틀그라운드와 같은 게임을 VR 환경에서 실제로 움직이며 즐길 수 있다고 생각해보자. 물론 한 게임만 해도 굉장히 숨이 차겠지만 엄청난 몰입감을 경험할 것이다. 이렇게 '움직임'을 잘 활용해 사용자들에게 즐거움을 주는 게임 개발 기업에 투자 가치가 있을 것으로 보인다.

미래 인터페이스 (1) 촉각 : 메타버스 속 가상의 물체를 만질 수 있을까?

앞서 살펴본 기술들은 시각 정보를 전달하기 위한 것이 대부분이다. 여기서 다시 짚자면 디스플레이와 컴바이너(광학계)는 빛을 우리 눈에 전달하기 위한 기술이고, 수준 높은 그래픽은 메타버스 안 가상의 물체를 현실과 구분하기 어렵게 만드는 기술이다. 대부분의 기업은 지금 이런 시각 정보에 집중적으로 인력과 돈을 투자하고 있다.

조금 먼 미래가 되겠지만, 결과적으로 시각적인 부분은 기술의 완성도가 높아지며 상향 평준화할 것이다. 스마트폰 시대에 접어들 때 아이폰이 출시된 뒤 삼성전자, 화웨이를 비롯한 많은 기업이 얼마

지나지 않아 유사한 수준의 기능을 제공하게 된 일과 같다. 이에 사람들은 기존에 경험하기 어렵던 새로운 자극을 원하게 될 것이다. 애플이 아이폰과 아이패드, 맥으로 이어지는 공고한 플랫폼을 구축해 보다 뛰어난 연결성을 제공하고, 고급화 전략을 기반으로 만족감을 제공한 것도 새로움을 원하는 욕구를 성공적으로 충족시킨 사례다.

이와 마찬가지로 시청각을 넘어선 새로운 감각 경험에 대한 욕구도 분명히 존재할 것이다. 새로운 감각을 느낄 수 있다는 사실은 차원이 다른 몰입감을 제공할 수 있다. 이런 논리에서, 조금 먼 미래에 메타버스 시장의 경쟁력은 촉각이 될 것이라고 생각한다. 메타버스 안에서 기르는 강아지를 실제로 만지는 경험을 제공한다면 사람들의 반응은 어떨까?

이렇게 메타버스 속 물체를 실제로 만질 수 있도록 하는 것을 '햅틱Haptic 기술'이라고 한다. 모니터가 시각을 위한 디스플레이였다면, 햅틱 기술은 촉각을 위한 디스플레이라고 할 수 있다.

모니터의 픽셀들은 빨강red, 초록green, 파랑blue, 즉 RGB로 이루어져 있다. 빛의 삼원색으로 현실세계에서 우리가 시각을 통해 정보를 얻는 방식을 그대로 구현했기 때문에, 디스플레이 속 물체나 정보를 볼 때 사람들은 실제 시각 정보와 다르지 않다고 느낀다.

마찬가지로 현실과 같은 촉각 정보를 제공하기 위해서는 촉각 신경이 어떤 자극에 어떻게 반응하는지 이해해야 한다. 하지만 아직까

✦ [사진 23] 감각점 분포와 신체를 비례적으로 표현한 호문쿨루스

지는 촉각이 어떻게 발생하는지 정확하게 밝혀지지 않았다. 그뿐만 아니라 시각의 경우 오로지 '빛'을 자극의 원천으로 하지만, 촉각은 기계적인 신호부터 열적인 변화, 화학적 신호에 이르는 자극원을 지니고 있어 기본적인 구현 난이도 역시 높다.

촉각은 신체 부위마다 민감도가 다르다. [사진 23]은 촉각의 감각점 분포에 비례해 각 신체 부위의 크기를 표현한 호문쿨루스 homunculus이다. 손과 얼굴에 비해 다른 기관은 상대적으로 분포가 적다는 것을 알 수 있다. 실제로 우리가 촉각을 통해 받아들이는 정보 중에는 손을 통하는 것의 비중이 압도적으로 높다. 손으로 현재 수행하고 있는 작업이나 만지고 있는 물체에 대한 정보를 이해하고,

몸에서 느껴지는 촉각으로 주변 환경과 그에 보조되는 정보를 수집하는 방식이다.

이런 촉각의 특성 때문에 햅틱 기술은 크게 다음과 같이 두 단계로 나뉘어 발전하고 있다.

(1) 손을 제외한 신체 부위를 대상으로 한 햅틱 기술

기업들은 손을 제외한 몸통, 다리, 팔 등 다른 신체 부위를 대상으로 한 햅틱 슈트를 개발하고 있다. 이러한 햅틱 슈트는 정확한 감각을 구현하는 것보다 메타버스 세계의 주변 환경을 보다 풍성하게 느낄 수 있도록 돕는 보조적인 역할에 초점이 맞춰져 있다.

예를 들어, 소방수가 메타버스 속에서 화재 진압에 대한 훈련을 하고 있다고 생각해보자. VR 기반의 메타버스를 활용하면 시각적으로 다양한 화재 시나리오에 대해 훈련해볼 수 있어 큰 도움이 된다. 하지만 현실세계의 화재 현장에는 수많은 장애물이 존재하고, 높은 온도라는 특수한 환경이 있다. 그러므로 시각 훈련을 통해 숙달한다고 할지라도 실제 상황에서 마주치는 장애물과 뜨거운 열기에 적절하게 대처하기 어려울 수 있다. 만약, 햅틱 슈트를 통해 이런 촉각적인 정보도 제공할 수 있다면 어떨까? 화재 상황에서 소방수들이 더욱 능동적으로 움직일 수 있는 훈련을 제공할 수 있을 것이고, 보다

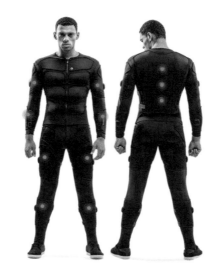

✦ [사진 24] 테슬라수트의 전신 핵틱 슈트

안전하고 효과적인 구조 작업이 가능해질 것이다.

이처럼 손을 제외한 다른 부위에서 발생하는 촉각은 정확한 표면 질감 등을 표현할 이유가 없음에도, 훈련 과정과 같은 특수한 응용 분야에서 유용하게 활용될 수 있다.

영국의 테슬라수트Teslasuit는 전신 핵틱 슈트를 개발했는데, 현재 이 분야에서 가장 앞서 있는 것으로 평가받는다. 테슬라수트는 핵틱 피드백뿐만 아니라 온도 제어, 생체 신호 수집, 모션 캡처를 통한 사용자 움직임 분석까지 가능하다. 현재 테슬라수트는 스마트 팩토리, 운동, 소방 등 공공기관의 훈련 등에 활용되고 있다. 국내에서는 비

핵틱스라는 기업이 현재 조끼 모양의 상반신용 핵틱 슈트를 개발하여 판매 중이다.

전신 핵틱 슈트는 게임 산업에서도 새로운 반향을 불러일으킬 가능성이 높다. 게임을 단지 눈으로 즐기는 것이 아니라, 그 안에 들어가 몸으로 '느끼며' 즐길 수 있게 될 것이다. 축구 게임에서는 관중들의 환호 소리로 생기는 엄청난 진동을 느끼고, 레이싱 게임에서는 스포츠카의 역동적인 움직임을 느낄 수 있을 것이다. 이런 몰입감은 기존 게임에서는 쉽게 느끼기 어려웠던 경험인 만큼, 사용자들을 메타버스로 향하게 하는 중요한 역할을 할 것으로 기대된다.

핵틱 슈트가 사용자들에게 소개되면서, 촉각이라는 새로운 차원을 창의적으로 활용하는 게임 개발사들에게 높은 투자 가치가 있을 것으로 판단된다.

(2) 손을 위한 핵틱 기술

앞서 호문쿨루스와 함께 설명한 것처럼, 사람들이 정보를 얻는 핵심 촉각 기관은 손이다. 따라서 촉각을 통해 완전히 다른 경험을 제공하는 수준에 도달하기 위해서는 손에서 느낄 수 있는 촉감을 제공해야 한다. 물체의 질감부터, 온도, 진동, 무게감, 단단함의 정도,

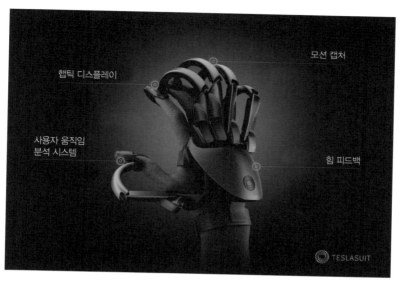

모션 캡처

햅틱 디스플레이

사용자 움직임
분석 시스템

힘 피드백

TESLASUIT

✦ [사진 25] 테슬라수트의 햅틱 장갑 프로토타입

'잡는다'는 감각, 그 외 물건을 옮기는 감각까지도 제공할 수 있어야 한다. 손을 통해 얻는 정보는 사람의 의사 판단에 중요한 비중을 차지하기 때문에, 시각을 비롯한 다른 감각과 완벽하게 연동되지 않으면 오히려 사용자 경험을 해칠 가능성도 있다. 그래서 손을 위한 햅틱 기술을 구현하기란 굉장히 까다롭다.

이런 높은 난이도 때문인지 아직까지 손을 위한 햅틱 기술을 핵심 제품으로 개발하고 있는 기업은 찾아보기 드물다. 개발 중인 기업들은 대부분 손에 끼는 웨어러블 형태의 장갑을 개발하고 있다.

✦ [사진 26] 메타 리얼리티 연구소의 햅틱 장갑 프로토타입

테슬라수트의 햅틱 장갑은 각각의 손가락에 9개의 질감용 디스플레이가 배치되어 있고, 엄청난 부피의 '힘 피드백Force Feedback' 장치가 함께 달려 있다. 이러한 프로토타입 형태를 볼 때, 섬세한 질감을 제공하는 것보다는 힘의 균형을 통한 단단함의 정도와 물건을 잡는 감각에 집중하고 있는 것으로 파악된다.

메타(페이스북) 역시 햅틱 기술을 약 10~15년 뒤에 활용하기 위한 '미래 메타버스와의 상호작용 방식'으로 정의하고 기초 연구부터 수행하고 있다. 2021년 11월 [사진 26]과 같은 프로토타입을 공개했

262

다. 기존의 햅틱 기술 개발사들은 촉각을 모사하기 위해 수많은 액츄에이터(아주 작은 모터)를 활용해왔다. 메타에 따르면 현재의 기계적 방식으로 움직이는 딱딱한 액츄에이터는 많은 양의 열을 발산하고, 밀도가 높아지면 장갑 자체가 굉장히 무거워지기 때문에 실감나는 촉각을 구현하기 어렵다. 또 사람들마다 손의 모양이 다르다는 점도 '딱딱한' 액츄에이터가 아닌 그 이상이 필요한 이유다. 그래서 메타는 '유연한' 액츄에이터를 만드는 것에 몰두했다. 그 결과, 부드러운 고분자 소재와 미세유체공학Microfluidics을 응용해 굉장히 빠른 속도로 반응하는 유연한 액츄에이터를 개발하는 데 성공했다. 작동 영상은 [사진 26]의 QR 코드를 통해 확인할 수 있다. 단순히 액츄에이터만을 개발한 것이 아닌, 액츄에이터를 효과적으로 구동하기 위한 반도체 회로까지도 구현하고 있다. 메타는 거기서 멈추지 않고 액츄에이터와 결합할 수 있는 장갑의 재질부터, 사람마다 다른 모양의 손에 일관된 촉각을 제공하기 위한 개인화된 장갑의 제조 공정까지 고민하고 있다.

또 다른 기업들과 다르게 메타는 물체의 질감에 초점을 맞추고 있는 것으로 보인다. 물체를 잡는다는 감각은 시각과 청각을 통한 공감각적인multisensory 자극을 통해 충분히 구현할 수 있다는 의견이다. 시각과 촉각의 연동을 위해서는 완벽한 수준의 손 추적 기술도 함께 필요하다(Part 3 4장 참고). 강조하자면, 메타는 BCI라는 새로운 개념을 활용해 손목 스트랩에 기반한 손 추적 기술도 높은 수준으

로 개발했다. 이처럼 메타는 공감각적인 자극을 구현하기 위한 모든 요소를 이전부터 설계해왔다.[*]

촉각에 관련된 메타의 연구는 무려 7년간 진행되어온 것으로 파악된다. 이런 점을 생각하면 다른 기업들에 비해 더욱 독특하고 새로운 개념으로 무장한 메타가 어떤 혁신을 일으킬지 궁금해진다. 관련한 보다 상세한 내용이 궁금하다면 메타 리얼리티 연구소에서 직접 작성한 포스팅을 확인해보길 바란다.[**]

또 다른 방향으로, 공기 중에 초음파를 통해 촉감을 느끼는 방식도 개발되고 있다. 앞서 언급했던 수많은 액츄에이터를 활용하는 문제점에 대한 대안으로서 제안되고 있는 방법이다. 대표적인 초음파 기반 햅틱 기술 개발사인 미국 기업 울트라리프는 2021년 7월에 텐센트에서 5000만 달러(약 593억 원)의 투자를 받았다. 울트라리프가 높은 평가를 받을 수 있었던 가장 큰 이유는 단순히 햅틱 기술에 초점을 맞춘 것이 아닌, 손 추적 기술도 높은 수준으로 개발했기 때문으로 보인다. 결국 햅틱 기술은 손 추적 기술과 함께 결합되어 활용될 수 있을 때 그 가치를 인정받을 수 있을 것이다.

[*] "Inside Facebook Reality Labs: The Next Era of Human-Computer Interaction", Tech@ Facebook Blog

[**] "Inside Reality Labs Research: Meet the team that's working to bring touch to the digital world", Tech@Facebook Blog

간단 요약 및 투자 포인트

☑ 간단 요약

핵틱 기술은 앞으로 시청각의 한계를 뛰어넘어 촉각이라는 새로운 차원의 경험을 제공할 것이다. 하지만 촉각을 실제로 구현하는 것은 굉장히 어렵다. 왜, 어떻게 촉각을 느끼는지 아직 정확하게 모르기 때문이다. 이런 상황에서 보다 간단한 감각을 통해 유의미한 경험을 제공할 수 있는 전신 핵틱 슈트가 개발되어 판매되고 있다. 반대로 조금 먼 미래를 생각하며 복잡한 손의 촉각 경험을 제공하기 위해 기술을 개발하고 있는 기업도 있다.

☺ 투자 포인트 1

전신 핵틱 슈트 시장이 개화하고 있다. 실감 나는 훈련 환경이나 게임 플레이 환경을 제공한다는 점이 주목받기 시작한 단계이다. 핵틱 슈트 기업과 더불어, 촉각을 잘 활용할 수 있는 게임 개발 업체를 눈여겨봐야 한다.

현재 VR/XR 기기도 완벽하지 않기 때문에, 일반인들에게 핵틱 슈트가 큰 관심을 받기는 어려운 상황이다. 하지만 전신 핵틱 기술은 VR/XR 기기와 결합할 때 높은 현장감을 제공할 수 있어, 훈련과 게임 분야에서는 이미 주목받기 시작했다. 따라서 핵틱 슈트를 개발하는 업체에 대한 투자 기회를 계속해서 확인해야 한다.

또 새롭게 추가된 촉각이라는 감각을 잘 활용하는 게임 업체를 찾아야 한다.

일인칭 슈팅 게임 FPSFirst-person shooter의 경우 총을 쏘는 같은 동작에도 다른 촉각을 제공할 수 있다. 더욱 실감 나는 자극을 제공할 때 더 많은 사람들에게 선택될 것이다.

🐛 투자 포인트 2

손을 위한 햅틱 기술은 지금 당장보다 3~4년 뒤에 구체적인 투자 기회를 점쳐볼 수 있을 것이다. 그 이전에는 메타가 햅틱 기술 분야에서 만들어낼 혁신을 주목해보자.

메타는 단순히 지금까지 사용해왔던 재료와 부품을 활용하는 것이 아니라, 촉각 그 자체를 위해 가장 적합한 재료와 부품을 직접 개발해가고 있다. 이미 7년이라는 시간을 투자했고 향후 지속적으로 투자가 확대될 것으로 보이기 때문에, 메타가 햅틱 기술 분야에서 만들어낼 혁신은 굉장히 중요한 전환점이 될 것이다.

첨언하자면, 텐센트의 투자를 유치한 울트라리프의 경우를 돌아볼 때 투자 과정에서 햅틱 기술 개발사가 가지고 있는 손 추적 기술의 수준이 핵심 체크리스트가 될 것이 분명하다. 이 점을 꼭 기억하길 바란다.

돈이 되는 메타버스

미래 인터페이스 (2) 두뇌 : 일론 머스크의 '뉴럴링크'처럼 될 수 있을까?

사람의 신경 신호는 전하를 띤 이온의 움직임을 통해 전달되기 때문에, 정보가 전달될 때 전류 혹은 전압 펄스가 생기게 된다. 지금 이 순간에도 여러분 두뇌에 있는 수십 억 개의 뉴런에서 전기 신호가 오가고 있을 것이다. 다시 말해, 각각의 뉴런에서 발생하는 전기 신호를 측정하고 이해할 수 있으면, 인간의 생각도 이해할 수 있다는 뜻이다. 하지만 인간 두뇌에 있는 수십억 개의 뉴런에서 신호를 측정하는 일은 현실적으로 불가능하다.

그런데 과학자들과 의사들은 두피를 통해서 두뇌에서 발생하는 전기 신호를 측정할 수 있다는 것을 알아냈다. 수많은 뉴런에서 발생하는 전기 신호가 합쳐져서 두피까지 전달된다는 사실을 알게 된 것이다. 그 전위 변화를 기록한 것이 바로 '뇌파Electroencephalogram, EEG'이다. 물론 뇌파를 이용해도 모든 뉴런이 어떤 신호를 보내고 있는지 완벽하게 알 수는 없다. 하지만 이를 기반으로 과학자들은 사람의 두뇌를 이해할 수 있는 무기를 손에 넣었고, 의사들은 환자를 진료할 수 있게 되었다.

　뇌파를 분석하는 기술은 나날이 발전을 거듭해, 이를 통해 사람의 생각을 알 수 있다는 연구 결과가 발표되기 시작했다. 복잡한 생각을 이해할 수는 없다고 해도, 오른쪽으로 움직일지 왼쪽으로 움직일지와 같은 간단한 생각들은 파악할 수 있게 된 것이다. 그렇다면 게임을 할 때 우리가 어떻게 움직일지를 조이스틱이 아니라 뇌파를 통해 전달할 수도 있지 않을까? 일론 머스크Elon Musk가 주도해 창업한 '뉴럴링크'는 원숭이의 뇌파를 데이터화하여 행동과 연동시키는 실험을 진행한 바 있다. 그 결과, 원숭이는 생각만으로 간단한 게임을 수행할 수 있게 되었다. 다음 QR 코드에서 실제 실험 영상을 확인할 수 있다.

✦ 뉴럴링크의 원숭이 실험

　이렇게 두뇌에서 발생하는 정보 혹은 생각을 컴퓨터와의 소통에 활용하는 개념을 '두뇌-컴퓨터 인터페이스BCI' 혹은 '신경-컴퓨터 인터페이스Neural Computer Interface, NCI'라고 한다. 여기서는 BCI라고 표기하도록 하겠다. 본디 사람은 생각을 기반으로 마우스, 키보드 등을 통해 컴퓨터에게 명령을 내린다. BCI는 중간 단계인 마우스, 키보드를 생략하고 컴퓨터에게 사람의 생각을 전달할 수 있게 한다.

그렇다면 BCI라는 새로운 인터페이스가 메타버스에서 왜 중요한 것일까?

가장 핵심적인 이유는 속도이다. 앞서 메타버스가 사용자에게 자연스러운 경험을 제공하기 위해 필요하다고 설명했던 다양한 기술은 XR 기기가 직접 수행하기에는 부담이 따른다. 라이다, 카메라 시스템에서 매초 수백 메가바이트의 데이터를 수집하고 복잡한 AI 연산을 수행해야 하기 때문이다. 이는 속도 저하를 야기하고, 사용자에게 불편한 경험을 하게 만든다. 하지만 뇌파를 활용하면 라이다, 카메라에서 발생하는 양보다 훨씬 적은 데이터만으로도 동일한 기능을 수행할 수 있다. 데이터의 양이 줄어들면서 자연스럽게 처리해야 할 연산의 양도 줄어들고, 이에 따라 훨씬 빠르게 사람의 움직임에 반응할 수 있는 것이다. 빨라진 속도와 더불어 배터리도 절약된다. 이런 장점들 때문에 사람의 신경과 컴퓨터가 직접적으로 연결되는 BCI는 메타버스의 미래 기술로 조명되고 있다.

하지만 BCI는 실제로 응용하기가 굉장히 어렵다. 가장 큰 이유는 BCI를 위해 주로 활용되는 뇌파 데이터의 노이즈 때문이다. 생각으로 발생하는 뇌파의 변화보다 측정 오류인 노이즈가 더 큰 상황이 있다. 측정 오류는 전기 신호가 두개골과 두피를 지나오면서 점점 더 커진다. 이런 이유로 뉴럴링크에서는 실험 대상인 원숭이, 돼지 등의 뇌파 측정을 위해 두피가 아닌 두개골 안쪽, 즉 두뇌에 직접 전극을 이식했다. 하지만 사람의 두개골을 열어 두뇌에 직접 전극을 연결하는 것은 사회적으로도, 기술적으로도 완전히 준비되지 않은 상황이다.

또 다른 이유는 생각을 행동과 연동시키는 모델링 작업이 어렵기 때문이다. 사람의 두뇌는 특정한 명령을 생각할 때 다른 생각과 자극을 동시에 처리한다. 가령 '오른쪽으로 움직인다'는 생각을 '뛰어간다'는 생각과 함께 할 수 있고, '천천히 걸어간다'는 생각과도 함께 할 수 있다. 이런 두 가지 경우에 '오른쪽으로 움직인다'는 생각이 과연 같은 신호를 만들어낼까? 주변 기온이 15℃일 때와 32℃일 때는 어떨까? 아마 신호는 달라질 것이다. 이처럼 같은 생각도 주변 환경과 상황에 따라 다른 신호로 발생하게 될 가능성이 높다. 현재 장밋빛 미래를 보여주는 대부분의 흥미로운 실험은 그런 다양성을 통제하고, 특정한 변화만이 변수로 주어지는 환경에서 진행되고 있다.

그럼에도 불구하고 메타(페이스북)는 BCI 기술에 대한 투자를 확대해가고 있다. 2017년 리얼리티 연구소에서 BCI 프로젝트를 시작하였고, 샌프란시스코 대학교University of California San Francisco(이하 UCSF)의 에드워드 창Edward Chang 교수의 연구소와 협력하기 시작했다. UCSF 에드워드 창 교수의 연구소는 두뇌에 이식하는 칩을 통해 사람의 생각을 언어로 변환하는 연구에서 세계 최고의 기술을 보유하고 있다. 2019년부터 2021년까지 매해 사람들을 놀라게 하는 성과를 이룩하고 있다.[*] 2021년 7월 발표한 논문에서는 말을 하기 어려운 환자가 생각을 통해 하고자 하는 말을 타자로 칠 수 있다는 연구 결과를 발표했다. 한편 메타에서는 두뇌에 이식하지 않고 두피 바깥에서 동일한 수준의 신호를 측정하기 위한 기술을 개발하고 있다.[**] 메타는 신호를 측정하는 기술을, UCSF 연구소는 그 신호를 실제 언어로 변환하는 기술을 개발하여 상용할 수 있는 BCI 플랫폼을 구축하겠다는 의도로 파악된다.

그뿐만이 아니다. 2019년, 메타는 BCI 개발사 컨트롤랩스를 인수했다. 컨트롤랩스는 큰 손목시계 형태의 웨어러블 디바이스를 활용해 손목에서 발생하는 전기 신호를 수집하여 손의 움직임을 정확하게 추적하는 데 성공했다. 이 경우에는 두뇌에서 발생하는 신호가 아닌 손목의 근육에서 발생하는 전기 신호를 측정한다.[***] 컨트롤랩스

[*] 2019년 「Real-time decoding of question-and-answer speech dialogue using human cortical activity」, 《Nature communications》, 10.1 (2019): 1-14.
2020년 「Machine translation of cortical activity to text with an encoder – decoder framework」, 《Nature Neuroscience》, 23.4 (2020): 575-582.
2021년 「Neuroprosthesis for decoding speech in a paralyzed person with anarthria」, 《New England Journal of Medicine》, 385.3 (2021): 217-227.
논문이 출판된 세 개의 저널은 모두 전 세계의 가장 혁신적인 연구가 발표되는 저널이다.

[**] "Imagining a new interface: Hands-free communication without saying a word", Tech@ Facebook Blog

[***] 이렇게 근육에서 발생하는 전기 신호를 활용하는 것은 '근전도 기기(electromyography, EMG)'라고 한다.

✦ [사진 27] 메타의 손목 밴드 기반 손 추적 기술

의 기술은 손 추적에 필요한 센서의 수를 혁신적으로 줄이고, 손 모양이나 다양한 움직임에 대해서도 유연하게 적용된다. 2021년 3월, 메타는 이 기술을 기반으로 한 손목 밴드의 연구 결과를 공식적으로 공개했다. 이 밴드로 단지 손의 움직임을 추적하는 것을 넘어서, 매우 간단한 손의 움직임으로 가상세계에서 손으로 의도하는 조작을 실행할 수 있다.

BCI는 아직까지는 조금은 먼 미래에 활용될 수 있는 기술이다. 기술이 개발되더라도 생체 신호를 수집한다는 점에서 다양한 규제의 벽을 넘어야 할 것으로 보인다. 그럼에도 불구하고 관련 업계에서는 BCI 기술이 웨어러블 메타버스의 핵심 차별점이 될 것이라고 평가하고 있다.

돈이 되는 메타버스

더 알아보기

BCI 기술을 활용하면 생각만으로 온라인 쇼핑을 하거나 연동된 물건을 옮기는 등의 작업을 할 수 있기 때문에, 움직임이 불편한 환자들에게 새로운 소통의 길을 열어줄 수 있게 된다. 이러한 흐름에서, 미국 BCI 개발사 싱크론Synchron은 2021년 7월 신체 마비 환자 여섯 명을 대상으로 두뇌에 직접 전극을 이식해 최초의 상용 BCI 플랫폼 스텐트로드Stentrode™을 개발하는 것을 미국 FDA로부터 허가받았다.* 직후인 2021년 8월, 미국국립보건원National Institutes of Health은 이 프로젝트에 1000만 달러(약 118억 원)의 연구 과제비를 승인했다.** 이러한 미국 정부의 허가와 금전적 지원은 BCI 연구가 점차 확대될 것임을 암시한다고 볼 수 있다(실제로 미국 정부의 기술 관련 펀딩 전략은 세계 학계에 큰 영향을 미친다). 최초의 승인이 시작된 만큼, BCI 연구의 저변이 확대되면서 메타버스를 비롯한 다양한 분야에서의 응용이 가능해질 것으로 보인다.

---

* Sarah McBride 외, "Competitor to Elon Musk's Neuralink beats it to FDA trial of brain-to-computer implant", Fortune

** "Synchron secures NIH funding for brain implant clinical trial", NS Medical Devices

간단 요약 및 투자 포인트

☑ 간단 요약

사람의 생각을 그대로 메타버스에 전달할 수 있으면 복잡한 인터페이스가 필요 없어진다. 이를 위해 BCI 기술이 개발되고 있다. BCI를 활용하기 위해서는 노이즈 문제 등 넘어야 할 기술적 허들이 많아 조금은 먼 미래에 상용화될 것으로 보인다. 하지만 BCI가 미래의 핵심 인터페이스임을 직감한 메타가 BCI 분야에서도 발빠르게 움직이고 있다.

❦ 투자 포인트 1

창의적인 방법으로 BCI 기술을 개발하는 스타트업은 향후 빅테크들의 전략적 투자 혹은 인수 타깃이 될 수 있다. 오랜 기간 학계 연구를 통해 검증된 특허를 활용하는 스핀오프 스타트업을 주목하자.

2019년 메타가 약 1조 원을 들여 컨트롤랩스를 인수했다는 것은 BCI를 개발하는 스타트업이 글로벌 빅테크들의 전략적 투자 대상이 될 수 있음을 암시한다. 특히 학계 연구를 통해 준비된 특허를 활용하는 스타트업들에 주목할 필요가 있다. 특허 혹은 논문의 수준에 따라 다르겠지만, 그들이 보유한 기술은 가장 선도적인 기술일 가능성이 높다. 또 그들이 보유한 인력은 BCI 분야의 가장 뛰어난 인력일 가능성이 높다. 빅테크들은 기술과 인력을 보유한 스타트업의 높은 밸류에이션valuation을 인정한다. 이제 걸음마를 뗀 스타트업의 시드

(초기자금)나 시리즈 A(우선주 A)의 투자 기회를 물색해보아야 한다.

👑 투자 포인트 2

BCI는 빠른 시간 안에 일반화될 수 있는 기술이 아니므로, 지금 바로 구체적인 투자 기회를 찾기는 어려울 것이다. 지속적으로 학계와 스타트업, 정부 펀딩과 빅테크의 움직임을 확인해야 한다.

아직까지 BCI 기술은 상용화된 전례가 없다. BCI를 유일한 사업 모델로 삼는 기업은 상장 시장에 아직은 없는 상황이다. 시간이 흐르며 BCI 기술의 상용화가 가까워지고 투자 기회를 구체화할 수 있을 것이다. 정부의 펀딩과 실증 사업이 함께 연관될 가능성이 높으므로, 지속적으로 이를 모니터링하면 투자 기회를 찾을 수 있을 것이다.

한편, 메타는 2017년부터 많은 리소스를 투자해 BCI 기술을 개발하고 있다. 2019년을 기점으로 메타가 보여주는 성과는 놀라운 수준이다. 햅틱 기술과 마찬가지로 그들만의 큰 그림을 그리며 접근하는 메타의 혁신이 전체 BCI 기술의 전환점이 될 가능성이 높다. 메타의 혁신을 지켜보는 다른 빅테크들이 어떻게 움직이는지 관찰해도 유의미한 투자 기회를 만들 수 있을 것이다.

미래 디스플레이 : XR 글라스를 착용하면 「스타워즈」 레아 공주의 홀로그램이 보일까?

영화 「스타워즈Star Wars」 시리즈를 이야기할 때 빠지지 않는 소재가 광선검과 홀로그램일 것이다. 등장인물들은 홀로그램을 이용해서 화상회의를 하고, 동영상을 저장해두고 중요한 순간에 재생하곤 한다.

최근 들어 우리 일상에서도 종종 홀로그램이라는 말이 쓰이고 있다. 그 기술을 이용했다는 공연이나 전시를 보는 일도 흔해졌다. 그렇다면 이 홀로그램과 「스타워즈」에 나오는 홀로그램과 같은 걸까? 홀로렌즈와 같은 XR 글라스를 착용하면 홀로그램이 보이는 것일

돈이 되는 메타버스

✦ [사진 28] 「스타워즈」속 홀로그램

까? 홀로그램이 무엇인지를 먼저 알고, 현재 개발되고 있는 XR 글라스와 3D 디스플레이 혹은 홀로그래픽 디스플레이 기술 간의 차이를 알면 우리의 상식이 채워지면서 XR 글라스의 미래를 좀 더 명확하게 볼 수 있을 것이다.

(1) 홀로그램이란?

홀로그램hologram이란 단어의 의미를 상식 차원에서 알아보자. 이것은 '완전함' 또는 '전체'라는 뜻의 'holo'와 '정보'라는 뜻의 'gram'이 결합된 합성어이다. 즉, 우리가 사물을 인식하는 데 사용하는 빛의 정보를 담아, 공간에 놓인 물체를 보는 것 같은 착각을 불러일으키는 영상을 지칭한다.

1947년, 데니스 가보르Dennis Gabor는 빛의 간섭현상을 이용해 입체정보를 기록하고 재생하는 방법을 고안하여 '홀로그래피holography'라고 명명했으며, 그로 인해 1971년 노벨물리학상을 수상했다.

입체 정보를 기록하고 재생한다는 것은 다양한 위치와 각도에 따라 보이는 홀로그램이 달라짐을 의미한다. 이런 특징을 활용한 것이 어릴 때 책받침에서 보았던 홀로그램 혹은 신용카드 뒷면의 스티커이다. 위조나 변조를 방지하기 위한 이런 인쇄물은 우리 일상 속에서 쉽게 찾아볼 수 있다. 전시나 마케팅 분야에서 이용하는 홀로그램은 빛의 간섭현상과 관련이 없고 입체로 보이지도 않는다. 하지만 물체가 마치 공간에 떠 있는 것 같은 착시를 일으켜, 학계에서는 이를 '유사 홀로그램'이라 부른다.

대표적인 유사 홀로그램으로는 홀로그램 팬과 플로팅 홀로그램이 있다. 홀로그램 팬은 촘촘히 박힌 LED바를 빠르게 회전시켜 뒷배경과 함께 LED의 잔상을 보여준다.* 회전하는 LED가 디스플레이처럼 색상과 내용을 바꾸면 잔상에 의해 얇은 LED바는 보이지 않고 허공에 영상이 떠 있는 것과 같은 효과가 생긴다. 이는 바라보는 이들의 호기심을 자극하기에는 충분하기 때문에 홀로그램 팬은 주로

---

* 사람의 시각 시스템은 일반적으로 1/60초에 한 번씩 정보를 보여줘도 그사이에 정보가 있다고 착각하는데, 이를 잔상효과라고 한다(60Hz 디스플레이의 이론적 근거). 디스플레이의 자극이 배경 대비 강할수록 잔상은 더 오래 남는다. 홀로그램 팬은 같은 원리로 실내의 어두운 배경에서 강한 밝기의 LED 잔상을 이용한 것이다.

돈이 되는 메타버스

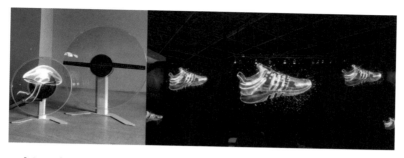

✦ [사진 29] 홀로그램 팬과 그 활용

마케팅 영역에서 쓰이면서 이벤트성으로 설치되곤 한다. 빠른 모터 회전에 의한 소음, 안전상의 문제가 발생할 가능성이 있어 B2B 사업에 적합할 것 같다.

플로팅 홀로그램은 XR 글라스의 반투명 거울과 같이 빛의 일부는 반사하고 일부는 투과시켜 이미지가 허공에 떠 있는 효과를 만든다. TV 같은 화면이 아니라 허공에서 물체가 나오는 느낌을 주기 때문에 사람들의 관심을 끌 수 있다. 또 크게 제작하기가 용이해서 대형 물체가 떠 있는 듯한 효과를 원할 때 이용된다. 하지만 표현하고자 하는 물체의 크기에 따라 커지는 설치물의 부피와 안전, 큰 공간을 채울 고휘도 디스플레이(프로젝터)의 고비용 등을 고려하여 일반적으로는 작은 물체나 제한적인 공간에서만 활용된다.

✦ [사진 30] 플로팅 홀로그램과 그 활용

(2) 홀로그램과 3D 영상의 관계

홀로그램을 3차원(3D) 영상 또는 입체 영상이라고 부르는 사람도 있는데, 어떤 차이가 있는 것일까?

3D 영상은 3차원으로 인식되는 모든 영상이며, 홀로그램은 3D 영상 구현 방법 중 가장 완벽에 가까운 방법이다. 즉, XR 글라스가 3차원 영상을 보여주더라도 그것은 홀로그램이 아닐 확률이 높다.

기술자들은 오른눈과 왼눈의 위치 차이로 인해 발생하는 이미지 인식 차이가 깊이 정보에 영향을 끼쳐 입체감을 만들어낸다는 것을 확인하고, 양쪽 눈에 다른 정보를 보여주는 방법을 고안하였다. 이

돈이 되는 메타버스

를 '양안 시차 방식' 또는 '스테레오스코피stereoscopy'라 부른다.* 이를 활용하면 물체가 화면에서 튀어나오거나 화면보다 더 멀리 있는 듯한 느낌을 받아 입체감을 보다 사실적으로 느낄 수 있다. 그렇다고 해서, 양안 시차 기술이 홀로그램처럼 실제로 물체가 공간에 놓여 있는 느낌은 주지 못한다. 사람의 몸은 심장이 뛸 때, 호흡을 할 때, 눈을 깜빡일 때 등 무의식적으로 끊임없이 움직이고 있다. 이에 대해 우리 눈에 보이는 실제 3차원의 사물은 미세하지만 변화된 위치나 각도에 따라 달라지는 정보를 보여주지만, 양안 시차의 이미지는 변화가 없다. 우리는 그 차이를 놓치지 않고 부자연스럽게 느낀다. 양안 시차의 디스플레이를 장시간 시청하면, 디스플레이와 그 디스플레이가 표현하는 물체의 거리가 달라서 두통이 발생한다.** 이 때문에 초기에는 입체감을 더 크게 느끼는 콘텐츠가 많았지만, 현재는 디스플레이의 거리감을 크게 벗어나지 않는 선에서 물체 그림자 등의 효과를 넣어 깊이감과 입체감을 표현하는 3D 영화가 주를 이루고 있다.

---

* 안경 방식과 비안경 방식이 있으며, 3D 영화를 제작할 때는 두 눈에 대응하는 카메라 2대를 한 셋트로 활용한다.

** '수렴-조절 불일치(Vergence-Accommodation Conflict, VAC)' 현상이다. 뇌는 양안의 정보를 비교하고 디스플레이가 멀리 있다고 판단해 먼 거리의 정보를 보기 위해 수정체 및 안구의 근육을 움직인다. 하지만 실제 디스플레이의 정보는 가까이에 있어서 근거리 정보를 보기 위해 다시 수정체 및 안구 근육을 움직이면서 불일치의 간극을 좁히려고 한다. VAC는 이런 반복에 의해 뇌와 눈에 과부하가 걸려서 발생하는 피로감이며, TV나 3D 영화 두통의 주요 원인이다.

이렇게 하는 이유는, 가장 3차원에 가까운 콘텐츠를 보여줄 수 있는 홀로그램을 아직은 현실적으로 구현하기 어렵기 때문이다.

(3) 홀로그래픽 디스플레이

홀로그램의 원리는 [그림 33]을 보면 이해가 쉬울 것이다. 먼저 빛을 2개의 경로로 분리한 후, 피사체에 직접 비춰져 반사된 물체광과 거울에 반사된 기준광이 서로 간섭하여 만들어진 무늬를 사진 감광판에 기록한다. 간섭 패턴이 기록된 이 사진 감광판에 동일한 기준광을 비추면 이제 피사체의 이미지가 복원된다. 이것이 홀로그램 영상을 볼 수 있게 되는 원리이다. 이렇게 빛의 간섭 현상을 이용하여 디스플레이에서 어떤 이미지를 만들고, 감광판이 아닌 디지털 신호로 매번 이미지를 변경할 수 있는 공간 광 변조기 SLMSpatial Light Modulator*을 이용하면, 광의 간섭에 의한 상쇄 및 보강이 일어난다. 공간 광 변조기는 컴퓨터가 연산하여 만든 홀로그램Computer-Generated

---

* 홀로그램에 활용되는 디스플레이이다. SLM은 최소 2개 이상의 빛이 공간에서 만나서 상쇄와 보강 간섭을 하면서 하나의 화소를 보여주는 것이므로, 이것이 보이는 각도별로 2개의 빛을 만나게 하려면 무수히 많은 빛을 동시에 제어할 수 있어야 한다. 그래서 보이는 해상도의 수 배에서 수십 배의 화소를 제어할 수 있는 SLM이 필요하며, 이를 계산할 수 있는 고성능 GPU가 있어야만 SLM에 신호를 줄 수 있는 CGH를 만들 수 있다. 즉, 이 CGH와 SLM은 고성능 GPU가 없으면 구현하기 어려운 복잡한 연산을 필요로 하는 기술이다.

돈이 되는 메타버스

[그림 33] 홀로그램 생성과 복원 원리, 디지털 홀로그램 원리

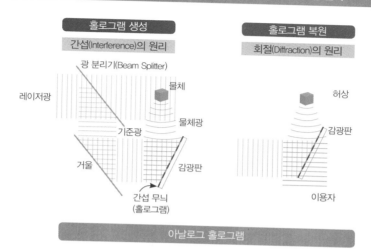

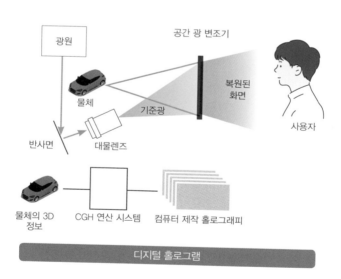

* 출처: 삼성디스플레이

Hologram, CGH[*] 디스플레이에 빛을 비추어 홀로그램을 보여준다.

이렇게 이상적인 디스플레이 기술을 모바일, 그것도 XR 글라스로 만들 수 있다면 얼마나 좋을까. 그러나 몇 가지 기술적인 한계가 있어 현재로서는 어렵다. 첫째, 공간 광 변조기와 CGH는 고성능 컴퓨팅을 필요로 하여, 게이밍 노트북 수준의 GPU 컴퓨팅 파워가 아니라면 모바일 솔루션으로 적용하기 힘들다. 둘째, 굉장히 좁은 시야각과 거리에서만 이상적인 3D 콘텐츠를 볼 수 있어, 안경형 디스플레이에서 약간의 안구 움직임만 있어도 시야를 잃어버리게 된다. 이경우 지속적으로 콘텐츠를 보려면 눈이 디스플레이에 대해 항상 적정 위치와 거리를 유지해야 한다. 이는 생각만 해도 피곤한 일이다. 셋째, 공간 광 변조기는 광원을 쪼개고 어떤 부분은 상쇄 간섭이 일어나도록 표현하므로 원래의 광원 대비 광 전달 효율이 현저히 떨어진다. 즉 밝은 곳에서는 잘 보이지 않는다. 그래서 독자들이 지금껏 본 대부분의 홀로그래픽 디스플레이가 어두운 조명에 검은 배경으로 시연한 것이다.

이렇게 모바일 홀로그래픽 디스플레이가 요원한 것처럼 보이지만, 어쩌면 빠른 시일내에 일상에서 접할 수 있을지도 모른다. 왜냐하면 운전자는 주행 중 근거리 주시와 원거리 주시를 오가며 정보 획득을 해야 하는데, 이것을 해결할 수 있는 기술이 홀로그래픽 디

---

[*] CGH는 일반적인 2D 이미지 정보에서 빛의 위상 변화 정보까지 담고 있어 눈으로 바로 식별하기는 어렵다.

스플레이 기술이기 때문이다. 게다가 내연기관에서 전기차로 변화되면서 차량용 HUD가 자동차 내부에서 마음껏 사용할 수 있는 파워가 항상 준비되어 있다. 현대모비스의 기술력을 믿고 기다려보자.

(4) 지금의 XR 글라스는
입체 영상 또는 거리 표현이 가능할까?

앞에서 소개한 3D 디스플레이 기술과 달리 안경형 XR 글라스는 양쪽 눈에 각각 정보를 전달할 수 있다. 따라서 TV와 같은 평판 디스플레이보다 양안 시차를 이용한 입체 영상 표현에 훨씬 쉽다. 하지만 안경형 스테레오스코픽 디스플레이near eye display, NED라 할지라도 여전히 앞서 소개한 수렴-초점 불일치의 문제는 존재하기 때문에 이를 해결하기 위한 아이디어들이 다양하게 소개되고 있다.

대표적인 예로 2016년에 체육관에서 튀어나온 고래 영상(왼쪽 QR 참고)으로 관심을 모았던 매직리프가 호기롭게 라이트필드 디스플레이([그림 34] 오른쪽)를 구현하겠다고 선언했다. 라이트필드 디스플레이 기술은 시청자 시선의 움직임에 따라 눈으로 들어오는 빛의 경로를 변경하여 보여줄 수 있는 기술이다. 홀로그램처럼 완벽한 3D 재현은 어렵지만 적어도 보이는 면에 대해서는 자연물을 사람이 바라볼 때와 유

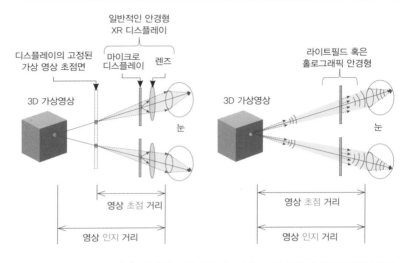

[그림 34] 수렴 조절 거리 관계

일반적인 안경형
XR 디스플레이

디스플레이의 고정된
가상 영상 초점면

마이크로
디스플레이   렌즈

라이트필드 혹은
홀로그래픽 안경형

3D 가상영상

눈

3D 가상영상

눈

영상 초점 거리

영상 인지 거리

영상 초점 거리

영상 인지 거리

* 출처 : 박재형(2019), 「라이트필드 및 홀로그램 기반 근안 디스플레이 기술 동향」,
《방송과 미디어》, 제24권 2호

사한 효과를 만든다. 매직리프는 라이트필드 방식을 안경형 디스플레이에서 구현하는 일이 쉽지 않다는 것을 약 4년에 걸쳐 3조 원의 자금을 시행착오 비용으로 지불하고 깨달았다(2020년 4월 직원의 50%를 구조 조정으로 내보냈으며 상당수는 MS와 메타로 이직하였다). 여기서는 그 기술들이 왜 구현이 어려운지 설명하기보다 새로운 기술이 나왔을 때 그것이 어떤 문제를 해결하는 것인지, 어떻게 기존과 다른 방식으로 혁신한 것인지를 알아보는 것이 중요할 듯하다.

앞에서 언급한 라이트필드뿐만 아니라 홀로그래픽 방식도 일반 TV와 같은 디스플레이보다 눈앞에서 보여주는 안경형 디스플레이를 이용하는 편이 더 좋다. 고정된 아이박스와 시선추적을 위한 기술이 필요 없다는 장점이 있어 해당 분야를 연구하는 이들에게는 매력적이기 때문이다. 그러나 앞에서도 언급했듯이 문제는 컴퓨팅 파워다. 그런데 XR 글라스도 VR과 같이 두통과 어지러움을 유발할까?

VR 기기를 착용하면서 느끼는 답답함과 몰입감의 반대급부로 나타나는 멀미감은, 전방 시야가 확보된 XR 기기에서는 느껴지지 않는다. 다만, VR 기기에서 게임과 영화를 주로 즐겼다면, XR 기기에서는 텍스트와 같은 정보를 주로 획득할 것이 예상되므로 시각 시스템이 더욱 정확한 초점을 맞춰야 한다. 이를테면 야외에서 원거리 풍경을 보면서 그 위치의 정보를 보려고 XR 기기를 볼 때를 생각해 보자. 원거리의 풍경과 근거리의 XR 텍스트 정보 사이에서 시각 시스템의 초점거리 조절이 빈번하게 일어난다면, 이것은 또다른 시각 피로감을 유발할 수도 있다. 그래서 아직까지 XR 기기는 근거리(10 미터 이내) 수준의 실내 혹은 어두운 야외활동에서 활용되는 데 그치고 있다.

이러한 문제를 간단한 아이디어로 해결하려고 한 국내 스타트업이 있다. 레티널은 우리가 어릴 때 가지고 놀던 바늘구멍 사진기의 원리*를 이용하는 광학렌즈, 즉 컴바이너를 개발하는 회사이다. 이들은 컴바이너 내부에서 디스플레이의 빛을 꺾어주는 반사체를 바늘구멍과 결합시켜, 디스플레이에서 사용자가 어떤 거리의 물체나 건물을 보든 선명하게 콘텐츠를 볼 수 있게 했다.

이상적인 XR 글라스는 양안 시차로 물체의 입체감을 표현함과 동시에, 디스플레이의 초점거리도 그 물체 혹은 시선이 바라보는 현실 풍경의 거리에 맞춰서 변해야 한다. 현재 XR 글라스는 양안 시차에 의한 물체의 입체감은 표현할 수 있으므로, 그나마 홀로그램에 가장 가까운 영상을 표현해준다고 할 수 있다. 그런 이유인지 MS는 자사의 XR 글라스에 '홀로렌즈'라는 이름을 붙여서 일반인들의 오해를 불러일으키기도 했다. 결론적으로, 현재 판매되는 XR 글라스는 근거리에서 입체감을 살려주는 것은 어느 정도 가능하다. 하지만 홀로그램 수준의 거리 표현을 해내는 데는 좀 더 시간이 필요하다.

---

* 바늘구멍을 통해 바라보는 세상은 모두 거리감이 무한대로 보인다.

간단 요약 및 투자 포인트

☑ 간단 요약

이상적인 XR 글라스는 양안시차stereoscopic**로 물체의 입체감을 표현하면서 화면의 초점거리도 시선이 머무는 위치에 맞게 조절될 수 있어야 한다.**

안경처럼 현실세계를 보면서도 실물 같은 가상의 입체 콘텐츠도 즐길 수 있기 때문이다. 이것을 가장 잘 표현할 수 있는 기술이 홀로그래픽 디스플레이 기술이다. 그러나 현재의 기술은 홀로그래픽 디스플레이 구현을 안경 형태로 만들기 어렵다.

♨ 투자 포인트 1

향후 2년 이내에는 라이트필드나 홀로그래픽 기술이 적용되지 않은 일반적인 XR 글라스가 대세일 것이다.

매직리프보다는 뷰직스나 국내 피앤씨솔루션에 투자하는 것이 적절해 보인다. 사이클과 같은 야외 활동을 위한 XR 글라스가 아니라면, 양안시차를 제공하는 XR 디스플레이만으로도 입체감은 충분하기 때문이다. 현재 출시된 XR 글라스는 디스플레이되는 콘텐츠의 밝기가 충분하지 않아 야외 사용이 어렵다. 실내 사용의 경우 시선의 이동이 10m 이내가 대부분이다. 이 경우 과한 입체감을 양안시차로 만들지 않고, 볼륨감 충만한 3D 콘텐츠를 랜더링으로 효과를 주어 이용할 수도 있다. 따라서 실내환경에서는 입체적 3D 콘텐츠를 많이 사용하더라도 값비싼 라이트필드 기술 대신 일반 XR 글라스가 적당하다.

🧶 투자 포인트 2

야외에서 원근의 현실세계를 보면서 가상 콘텐츠를 이용해야 하는 환경이라면, 양안시차의 입체보다는 한쪽 눈이라도 초점이 변하거나 초점 변화가 필요 없는 XR 글라스가 필요하다.

라이트필드를 적용한 XR 글라스는 초점이 변화하지만 라이트필드 연산량에 의해 소비전력이 커서, 장시간 야외에서 원근으로 시선 이동이 잦은 이용자에게는 장단점이 공존한다. 이 경우 레티널과 같은 디스플레이 초점변화가 필요 없는 XR 글라스를 이용한다면, 사이클을 타면서 전방으로 시선을 유지한 채 원하는 네비게이션과 같은 가상 콘텐츠를 수시로 이용할 수 있다. HUDhead up display도 마찬가지로 현재는 홀로그래픽 디스플레이를 추구하고 있지만, 그에 따른 높은 연산량은 대량 보급에 여전히 허들로 작용하고 있다. 좀 더 간단한 HUD용 솔루션이 절실하다. 이런 솔루션을 제시하는 스타트업이나 상장기업이 보인다면 과감히 투자해보자.

돈이 되는 메타버스

초판 1쇄 발행 2022년 1월 12일
초판 2쇄 발행 2022년 1월 21일

지은이 최원희 송찬우 김재혁
펴낸이 김선준

책임편집 임나리
편집1팀 이주영
디자인 김세민
마케팅 권두리, 신동빈
홍보 조아란, 이은정, 유채원, 권희, 유준상
경영관리 송현주, 권송이
본문 디자인 강수진

펴낸곳 (주)콘텐츠그룹 포레스트 **출판등록** 2021년 4월 16일 제2021-000079호
주소 서울시 영등포구 여의대로 108 파크원타워1 28층
전화 02) 332-5855 **팩스** 070) 4170-4865
홈페이지 www.forestbooks.co.kr **이메일** forest@forestbooks.co.kr
종이 (주)월드페이퍼 **출력·인쇄·후가공·제본** 더블비

ISBN 979-11-91347-65-4 03320

포레스트북스(FORESTBOOKS)는 독자 여러분의 책에 관한 아이디어와 원고 투고를 기다리고 있습니다. 책 출간을 원하시는 분은 이메일 writer@forestbooks.co.kr로 간단한 개요와 취지, 연락처 등을 보내주세요. '독자의 꿈이 이뤄지는 숲, 포레스트북스'에서 작가의 꿈을 이루세요.